知的生きかた文庫

人生の教養が身につく名言集

出口治明

三笠書房

はじめに

名言を知る――人生を「図太く、賢く、面白く」生きる法

僕は、「教養」や「品格」という言葉がじつは大嫌いです。

世間では、いろいろな知識や情報を持っている人が「教養」のある人とされることが多いようです。ただ、この言葉の使われ方のせいでしょうか、なんだか一見格調は高いものの、それでいて上っ面なだけのニュアンスを感じてしまうのです。

教養とは、けっして、そのようなつまらないものではありません。

教養とは、人生を面白おかしく、そしてワクワクさせてくれるツールです。

本を読んだり、人から話を聞いたり、旅に出たりする中で、さまざまな新しい気づきを得て、自分の中の「知っていること」、つまり「自分の辞書」が増えていく。

これが教養の入口であり、そのようにして、「自分の辞書」が1つ、また1つと豊かになっていくことで、自分の世界が広がっていくのです。そしてそれはまた、自分

の「生きる選択肢」「人生を楽しむ選択肢」が増えていくことであり、選択肢が増えれば、人生の面白さや生きやすさがまるで変わっていきます。

たとえば、ワインについて何も知らない段階では、レストランでワインリストを見ても、単なる文字の羅列にしか見えず、何を選んだらいいのかわからない……となりがちです。そこで仕方なく、店のスタッフのお勧めを言われるがままに注文する。

こんな具合に、「自分の辞書」が豊かでなければ、選択肢も少なくなり、自分が楽しめる範囲も狭くなってしまいます。

一方、いろいろなワインを飲む経験を重ね、それぞれの味を知り、またブドウの種類やブドウの栽培と土壌や天候との関係、醸造方法、おいしい飲み方……などなど、ワインについて自分で学び続けていくとどうでしょう。

ワインリストを見たときにも、そこに書かれている文字が、それぞれに「意味あるもの」として目に入ってくるはずです。そうなればしめたもの。その日の気分だったり、一緒に飲むメンバーだったり、その場の雰囲気だったりで、「今日はこれかな」と自由に選ぶことができます。みなさん、そのほうが人生楽しいとは思いませんか。

僕は、教養とはそういうものだと考えています。

人生の彩りを豊かに、ワクワク愉しくしてくれるもの。そうした人生を送りたいと思ったら、学ぶこと、つまり教養を身につけていくことは、非常に強力なツールになるのです。

この本は、古今東西の名作・名著の中から、頭に浮かんだ僕なりの「名言」を紹介したものです。名言とは、いってみれば、教養を一言にシンボライズしたものです。「人生を面白おかしく、ワクワクしながら生きるための知恵」がギュッと凝縮されている。それゆえに「名言」になり得たと僕は考えています。

なにせ、名言とは、歴史の風雪に耐えて、今の時代まで生き抜いてきた言葉ですからね。時間と空間を超えて、多くの人たちに「これは面白い」「これは真実だ」「これは覚えておこう」と支持されてきたからこそ語り継がれて、今も残っているのです。

そうした名言を通じて、私たちは過去から語り継がれてきたさまざまな人類の「知恵」を学ぶことができます。

実際、過去から語り継がれてきた「知恵」に学ぶことの大切さを教えてくれる、そんな「名言」があります。

12世紀ルネサンスのフランスで、プラトンの思想を研究・発展させたシャルトル学派の中心人物、ベルナール・ド・シャルトルの次の言葉です。

「巨人の肩に乗っているから、遠くを見ることができる」

これは、過去の賢い人や、その人たちが残した研究成果などを「巨人」にたとえ、その力を借りれば、私たちはより広く、より深く、より遠くまでこの世界を見ることができる、ということを述べた言葉です。

実際、人の人生が100年として、その中で経験できることなど、たかが知れています。

自分の人生から学ぶには限界があるのです。だからこそ、プロイセンの名宰相、ビスマルクは「愚者は経験に学び、賢者は歴史に学ぶ」と喝破《かっぱ》したのです。

そうであれば、自分の「外」にも、学びの対象を求めてみる。

この世界には、「古典」と呼ばれる先人が残してくれた膨大な遺産があります。それらを使わない手はありません。

せっかくだからその知恵を借りる。「巨人」の肩に乗せてもらう。

つまり、過去の知恵を学んでいく——。

学びを続けることで、私たちは、「教養」という人生を愉しくする強力なツールをより使いやすくしていくことができるのです。

余談ですが、このベルナールの名言は、ウェブ検索エンジン「Google（グーグル）」が提供する、論文や学術誌など学術用途での検索に特化した「Google Scholar（グーグル・スカラー）」のトップページにも記されています。「Google Scholar」では、ベルナールの名言が「巨人の肩の上に立つ」という言葉にアレンジされていますが。


ただし、読者のみなさんに一言申し上げておきたいことがあります。

それは、「この名言によって、私の人生は大きく変わった！」などと、びっくりするような出合いを期待しないこと。

人生において、たとえば苦境に立たされたとき、「そういえば、あんな言葉があったな」と思い出し、状況を打開するいくばくかのヒントにできれば儲けもの！　名言に対しては、それくらいのスタンスで臨むのがちょうどいいと僕は考えています。

また、今回、この本で取り上げた名言は、あくまで僕がたまたま思い出した「名言」を集めたものです。もちろんそれ以外にも「名言」と呼ばれるものは山ほどあります。

願わくは、みなさんがそれぞれ自分の「名言集」「自分の辞書」をつくるきっかけの一助にでもなればと思います。

本、人、旅によるさまざまな学びを通して、「まさにその通りだ」と腹落ちした言葉や、今の気持ちにピタリとくる言葉などを、みなさんの辞書に加えてみてはいかがでしょう。みなさんの辞書が豊かになるにしたがい、人生を「図太く、賢く、面白く生きる知恵」も蓄積されていくはずです。それによって、みなさんの人生がより彩り豊かなものになれば、僕にとってそれ以上の喜びはありません。みなさんの忌憚《きたん》のないご意見をお寄せください（宛先：hal.deguchi.d@gmail.com）。

本書を世に問うことができたのは、僕の話を上手に執筆していただいた前嶋裕紀子さんのおかげです。心より御礼申し上げます。本当にありがとうございました。

立命館アジア太平洋大学（APU）学長　**出口 治明**

『人生の教養が身につく名言集』もくじ

1章　人生について考えが深まる名言集

2章 人間関係の心得を教えてくれる名言集

3章 読むだけで「考える力」がつく名言集

4章　より賢く生きるための名言集

5章 「仕事の極意」を教えてくれる名言集

6章　「生きる知恵」を教えてくれる名言集

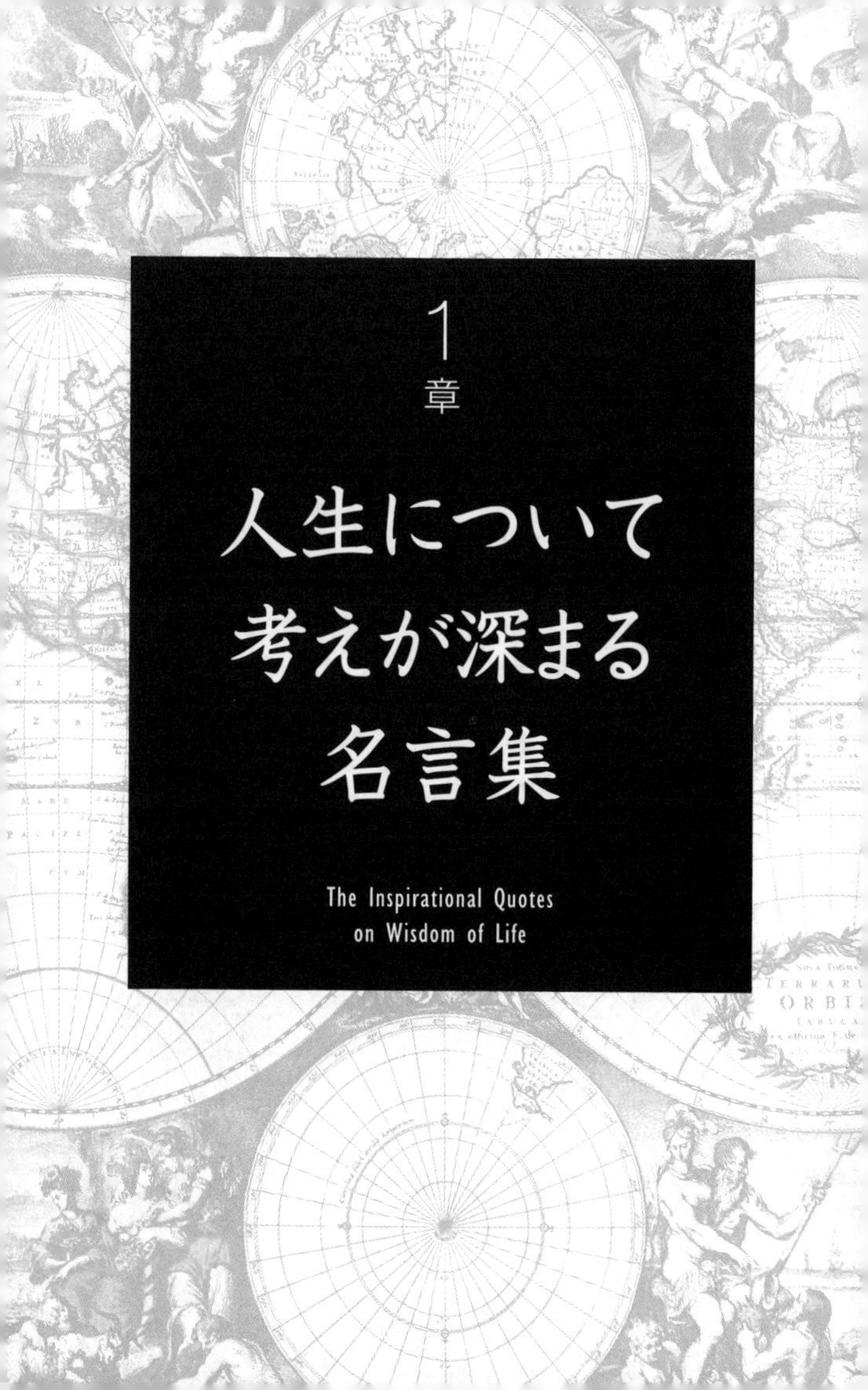

1
章

人生について考えが深まる名言集

The Inspirational Quotes
on Wisdom of Life

不幸を遠ざける「考え方」をする

「この門をくぐる者は一切の希望を捨てよ」

（ダンテ・アリギエーリ『神曲・地獄篇』）

◆左遷されたおかげで、さらに「考える力」がついた

ある出来事に遭遇したときに、それをどう捉えるか――。

人生は、その捉え方によって幸せにもなり、不幸せにもなります。

傍目《はため》には、同じように不運と思われる状況に置かれていても、毎日を充実した気持ちで暮らしている人もいれば、「なんとつらい人生なんだ」とわが身の不運を嘆きながら暮らす人もいます。つまり「捉え方」――人生観といってもいいでしょう――次第で、人生はいかようにも変わるのです。

では、こうした捉え方の違いは、どうして生まれてくるのでしょうか。

持って生まれた「気質」でしょうか？

育てられた「環境」でしょうか？

もちろん、人生観の形成にはそれらの要素も大きいでしょう。

ただ、もっと大きな影響を与えるのは、「教養あるいは知識」だと僕は考えています。

私たちは「知る」という経験を重ねることによって、この世の中のさまざまな物事への理解を深めていきます。理解している範囲が広く、かつ深くなるほど、自分の勝手な思い込みを捨てて、物事をよりクリアな目で見られるようになっていきます。

どんな出来事に遭遇しても、感情に流されることなく、冷静に受け止められるようになるのです。


これは、僕の経験からの実感でもあります。

僕は大学卒業後、生命保険最大手の日本生命保険相互会社に就職。同期の中で最初に部長職につき、傍目にはトントン拍子で出世街道を上っているように見えました。

ところが、50歳のとき、突然、本流から外されます。当時の社長と海外展開の是非を巡り正面衝突して、左遷。そして、55歳になると日本生命の実質子会社であるビル管理会社に出向になったのです。

しかし、そうした状況に陥っても、周りの友人が不思議に思うほど、僕は落ち込まなかったのです。理由は簡単です。僕は無類の本好き、歴史好きで、歴史の本や、古典をたくさん読んできたからです。

古今東西の歴史を読むと、左遷の話が山のように出てきます。

現在の日本の企業社会でも社長は5年に1人出るか出ないかですから、「左遷される人が圧倒的な多数派」なのです。もっと面白いことに、今も残る古典作品の多くは、その作者が左遷されているときに書かれていたりするのです。

たとえば、マキャベリ（1469~1527）の『君主論』。

彼は、1494年メディチ家が追放されたあとのフィレンツェ共和国において、優秀な官僚として働くのですが、メディチ家が復権したことにより、政府での職を失います。何度も再登用を願い出るのですが、その希望は叶いません。

メディチ家サイドからすれば、マキャベリは敵です。

彼らを追い出した共和国政府で要職についていた人間です。「そんな奴を使えるわけないだろう」と相手にされません。

結局、マキャベリは田舎での隠遁《いんとん》生活を余儀なくされるのですが、そのときに書いたのが『君主論』なのです。昼は普段着で野良仕事に励み、夜になると政府で働いていた当時の正装に身を包み、執筆に取り組んだといいます。「これほど優秀な俺を使わないなんて、なぜだ！」という鬱憤《うっぷん》を、見事に『君主論』で晴らしたわけです。

マキャベリだけではありません。

中国の漢詩を見ても、左遷の時期に書かれたものがやたらと多いことに気づきます。それだけ、みんな左遷されていたということでしょう。

こうした「左遷」と「古典の名作」の相関関係は、考えれば至極当然です。

というのも、左遷されて時間があったからこそ、優秀な彼らが十分な時間をとって、後世に残るすばらしい作品が書けたのです。出世し続けていたら、仕事が忙しくて作品を書いている時間などなかったのではないでしょうか。

かくいう僕自身、左遷されたおかげでさらにたくさんの本が読めたし、全国の一宮《いちのみや》をくまなくまわるなど旅にもたくさん行くことができました。

◆ムダな苦しみを消す、ダンテの「この一言」

さらには、「左遷される人が多数派」というのは、ある意味、当たり前のこと。なぜなら、人間の社会は、基本的にピラミッド構造をなしているからです。どのような国家であれ、企業であれ、組織であれ、トップにまで登りつめられるのはごく一部の人。ほとんどの人は途中で脱落していく。これが歴史を俯瞰《ふかん》してみたときの、人の世の常態なのです。

もちろん、これは現在のビジネスパーソンとて同じで、左遷されずにビジネスパーソン人生を全うする人は単にラッキーだったにすぎません。ほとんどの人が左遷される。極論すれば、社長になる人以外は全員どこかの段階で左遷されるのです。だから、左遷されても、別に不幸なことでも、恥ずかしいことでもなんでもないのです。

ですから、僕は左遷されたとき、「なんだ、僕も多数派だったんだな」とわかっただけで、アンラッキーとはとくに思いませんでした。それまで出世街道を走ってきたほうがラッキーだったにすぎないのです。

こうした話をすると、よく「達観されていますね」といわれます。

別に、人間ができているわけでも、達観しているわけでもありません。

「歴史」を知ることで、世の中のリアルな事実（ファクト）が見えてくるようになる。

その結果、「自分は出世し続ける」といったあり得ない幻想と、現実の齟齬《そご》に苦しめられることがなくなっただけの話です。


ルネサンス初期のイタリアの大詩人、ダンテ（1265〜1321）。

彼が書いた叙事詩、『神曲・地獄篇』に次の一文があります。

「この門をくぐる者は一切の希望を捨てよ」

僕がこの言葉をはじめて目にしたのは、じつは大学の校舎の壁でした。当時は1960年代後半。学生運動が真っ盛りだったころです。入学してまだ間もなかった僕は、この一文を見て、度肝を抜かれた記憶があります。「えらく怖いところに来てしまったな……」と。なにせ、高校まで田舎でのんびりと暮らしていましたから。

しかし、この世の「リアル」とはまさにそういうものではないでしょうか。

人間や、その人間がつくった社会への甘い期待は捨てたほうがいい。ここでいう「希望」は「幻想」と言い換えてもいいかもしれません。

この言葉を思い起こすたびに、「人生を、世の中を、リアルに見ろ」といわれているような気がします。そして、そうした視点を獲得するために欠かせないのが「知識」です。私たちは、学び続け、知識を獲得し続けることで、思い込みの世界から脱することができます。そして、この世界を虚心坦懐《きょしんたんかい》に素直にリアルに見ることができるようになっていくのです。

ちなみに、ダンテも、また「左遷」された人でした。政争に敗れ、フィレンツェから永久追放されてしまいます。その後、各地を放浪しながら書いたのが、この『神曲』です。

『神曲』は「地獄篇」「煉獄篇」「天国篇」の三部からなるのですが、僕が圧倒的に気に入っているのが「地獄篇」です。なぜなら、人間や社会のリアルな姿が赤裸々に書かれているからです。

つまり、とても人間くさい。ダンテは、「地獄篇」で自分を左遷した人たちをすべて地獄に落としています。まさに、人間としての毒、つまり恨みやつらみを、これを書くことで吐き出していたわけです。そして、そうした人間の毒の部分がしっかりと書かれているからこそ、「地獄篇」は最高に面白いのだと思います。

「偶然」を大切にする人を運がいいと呼ぶ

「すべての真の生とは出合いである」

（マルティン・ブーバー『我と汝・対話』）

◆「適切なときに適切な場所にいる」人

この世界は偶然の産物です。

そして、私たち1人ひとりの人生も、いろいろな偶然の積み重ねによってつくられているといっていいでしょう。歴史を知れば知るほど、偶然こそが「この世のリアルだ」と確信します。

私たち人類・ホモサピエンスがこれまで生き残れたのも、偶然だったという説があります。

『そして最後にヒトが残った』（クライブ・フィンレイソン／白揚社）という本によると、ネアンデルタール人が滅び、ホモサピエンスが生き残った理由は、「適応力」と「運」の違いにあったようです。

筋骨隆々で、森林での大型動物狩猟向きの体型をしていたネアンデルタール人は、当時、地球環境の寒冷乾燥化が進み、森林が縮小し、平原が広がりはじめる中で徐々に生きる場を失っていきます。

一方、しなやかで持久力に富む体を持つホモサピエンスは、平原での狩りにも対応でき、生き残ることができたのだそうです。

つまり、たまたま平原が広がりはじめる時期に、たまたま平原に適応できる体をホモサピエンスは持っていた。だから生き残れた。まさにホモサピエンスは運がよかったのです。

逆に、ネアンデルタール人が絶滅してしまったのは、たまたま運が悪かっただけだともいえるのです。

「運がいい」というのは、フィンレイソンが指摘しているように、「適切なときに適切な場所にいる」ことなのです。

この世は偶然の産物だということに、あらためて気づかされます。


人間の人生が、どう転ぶのかは誰にもわかりません。

僕自身、55歳で、ビル管理会社に出向になったときは、もう二度と生命保険の世界に戻ることはないと思いました。

そこで、次代の生命保険業界を担う若い世代への「遺書」を遺そうと、『生命保険入門』という本を執筆。ありがたいことに、この本は2004年に岩波書店から出していただくことができました。

ところが、ここで僕の生保人生は終わりにならなかった。その4年後の2008年5月にライフネット生命を開業することになったからです。

これも本当に偶然の賜物です。僕自身はすでに遺書を書き終えたので生保業界から引退した気持ちでいましたし、ベンチャーを起こそうなどとは夢にも思っていませんでした。

しかし、人生は摩訶不思議なもので2006年に古くからの友人から電話をもらい、あすかアセットマネジメントの谷家衛《たにやまもる》さんと出会い、会ったその日に「ゼロから生命保険会社をつくろう！」となってしまったのです。

◆どんなときでも「人生を楽しめる」言葉

ウイーン生まれのユダヤ系の宗教哲学者に、マルティン・ブーバー（1878〜1965）という人がいます。

若いころにはシオニズム（ユダヤ人のパレスチナ復帰運動）にも参加。その後、運動から離れ、研究生活に入り、フランクフルト大学の教授として、比較宗教学などを教えていました。しかし、ユダヤ系ゆえに、ナチスの台頭で公式の活動を一切禁止され、1938年にパレスチナに移住。ヘブライ大学で教鞭をとりながら、その地で一生を終えます。

ブーバーの思想を一言で述べると、「自分」という存在を、目の前の現実との関係性の中から捉えようとすること。「自分とは何者か？」と問うとき、私たちはひたすら自分の内面だけを見つめがちですが、そうではなく、周りとの関係から自分を探っていくというのがブーバーの考え方です。

いってみれば、「関係性」を重視したのが、ブーバーという哲学者なのです（それには、彼が若いころに傾倒したユダヤ教神秘主義・ハシディズムの影響も色濃くあったようですが）。

そのブーバーが、代表作『我と汝・対話』で書いているのが、「すべての真の生とは出合いである」という言葉です。

つまり、私たちの人生は、つまるところ、すべて出合いである、と。そして、そうした出合いを通して、人生はどんどん変化していく、と。

関係性を重視したブーバーならではの言葉です。

私たちの人生は、ブーバーのいうように、そのときどきの出合いによって変化し続けていきます。そうしたいわば川の流れに身を任せる生き方が一番すばらしいと僕は思っています。変化を受け入れ、川の流れのままに流されて生きていく。なぜなら、人間の力では、そのときどきの流れを変えることは難しいからです。

そのことを僕は、しばしば凧揚《たこあ》げにたとえています。

「風が吹いていないときは、凧は揚がらない」

凧揚げをしようとしても、その場所に風が吹いていなければ、どんなに必死になって走っても、あるいは、ものすごくよくできた高性能の凧であっても、揚がってはくれません。

一方、その場所にいい風が吹いていれば、こちらがそれほどがんばらなくても、凧はスイスイ飛んでくれます。

人生もこれと同じです。

風が吹いていないときは、何をやってもダメだし、逆に、風が吹きはじめたら、何をやってもたいていうまくいく。だから、今は風が吹いていない時期だと思ったら、ジタバタとムダな抵抗はしないで、淡々と過ごしていく。

ただし、いつ風が吹くかは誰にもわからないので、風がいつ吹いても全力で走れるよう平素から準備をしておくことが大切です。

場合によっては、風がそのままずっと長い間吹かないこともあります。

先述のネアンデルタール人が絶滅してしまったように、人生にはそういう残酷な一面もあるのです。

とはいっても、「まったく人生に希望が持てない」などと暗澹《あんたん》たる気持ちにはならないでください。

風が吹いていなくても、その中で人生を楽しめばいいのです。

時間はたっぷりあるので、いろいろなことができます。逆に風が吹きはじめたら、やることがたくさん出てきてそんな暇もなくなりますから。

前項でも述べたように、古典的な名著の多くは、作者が不遇な時代に書かれています。そして、そのまま日の目を見ずに一生を終えた人も多いことでしょう。

私たちは、そういう人たちをついつい「不運な人生」と思いがちです。

でも、それはこちらが勝手にそう思っているだけで、本人たちはそれなりに人生を楽しんでいたのではないかと、僕は思うのです。

人生の楽しみは「喜怒哀楽の総量」

「人間死ぬまでは、幸運な人とは呼んでも幸福な人と申すのは差し控えねばなりません」

（ヘロドトス『歴史』）

◆「幸福問答」——一番の幸せ者とは？

紀元前6世紀ごろの話です。

アテネの政治改革者として知られたソロン（財産の大小で市民の権利義務を定める財産政治を実施）が、リディアの王様、クロイソスを訪ねます。

当時、クロイソスは、ギリシア人の都市を次々と服属させて領土を広げ、莫大な富を手に入れていました。

「我こそが世界でもっとも幸福な人間」だと思っていたことでしょう（ちなみに、リディアは世界ではじめて金属貨幣を鋳造《ちゅうぞう》した国です）。

その彼が、ソロンに尋ねます。

「あなたが会った人の中で、もっとも幸福な人は誰か？」

もちろん彼の期待した答えは、「あなたです」。

ところが、ソロンはそうは答えませんでした。彼が「幸福な人」として挙げたのは、1番目がテロス、2番目がクレオビスとビトンの兄弟。理由は、「見事な死に方をした人たちだから」でした。

この答えに、クロイソスは大いに不満を感じます。

誰よりも金持ちで、有名な自分が、名もない、富もない人たちよりも幸福度で劣るとされたわけですから。

そこでソロンにしつこく尋ねます。

「私自身の幸せはなんの価値もないと思われたのか」

それに対するソロンの答えはこうです。

人間の一生は1日として同じことが起こることはなく、その生涯はすべて偶然である。今、運に恵まれているからといって、それが一生続くとは限らない。なので、その人が幸せだったかどうかは、その終わり方を見るまでわからない。だからこそ、人間死ぬまでは、「幸運な人」とは呼んでも、「幸福な人」と呼ぶのは差し控えなければならない、と。

クロイソスは現状では「幸運な人」かもしれませんが、「幸福な人」とは言えないというのです。そして、「幸福な人」とは、ソロンいわく「見事な死に方をした人」なのです。

実際、その後のクロイソスは、幸運から見放されます。愛息を失い、さらにはペルシアとの戦いに敗れ、国を失ってしまうのです。そして、焚刑に処せられようとするまさにそのとき、かつてソロンが彼に語った「死ぬ瞬間まで、何人も幸福であるとは言えない」という言葉の意味をついに納得するのです。

これは、古代ギリシアの歴史家・ヘロドトス（紀元前484～?）の記した『歴史』に出てくる話です。ソロンとクロイソスのやり取りは、「幸福問答」として知られています。

◆「ああ、いい人生だったな」と思うコツ

人の幸福は、死ぬときまでわからない。

これは人生の真実だと思います。

そして、死ぬ間際に「ああ、いい人生だったな」と思うことができれば、それが一番いい。

「いい人生」が具体的にどのようなものかは、それこそ人それぞれの人生観、価値観次第です。

ただ、僕が思うに、「人生を楽しむ」という姿勢は、すべての人にとっての「いい人生」に共通しているのではないでしょうか。

すんでしまった過去の出来事にグチグチ悩んだり、他人への恨みや妬み、憎しみでモヤモヤしたり、悲しみを引きずり続けてウツウツしたり……。毎日がそれでは人生はけっして楽しくありません。これではせっかく与えられた人生をムダにしているようなものです。

そういえば、社会派ブログで著名なちきりんさんの名言がありましたね。

「『愚痴を言う』『他人を妬む』『誰かに評価して欲しいと願う』……、人生をムダにしたければ、この3つをどうぞ」（『多眼思考』／大和書房）。

そのような時間があれば、「今晩は、どのおいしいものを食べようか。どのおいしいお酒を飲もうか。どの面白い本を読もうか」とワクワクしながら1日1日を過ごしたほうが、はるかに人生は楽しいものになると思います。

「人生を楽しむ」ことについて、しばらく前、「なるほど」という言葉に出合いました。

それは、シェイクスピアの翻訳で知られる小田島雄志《おだしまゆうし》さんが、日本経済新聞の「私の履歴書」で述べられていた言葉です。

「人生の楽しみは、喜怒哀楽の総量である」

一般的な感覚として、楽しいことやうれしいことはたくさんあってもいいけれど、悲しいことやつらいことはできるだけ少なくしたい。私たちはついそう思いがちです。

つまり、プラスの感情はOKだけれど、マイナスの感情はNG。

でも、それはそれで人生が味気ないものになってしまいます。

小田島さんがおっしゃるように、やはり人生は、「喜楽」もあれば、「怒哀」もあったほうがいい。ゲラゲラ笑ったり、腹を立てて怒ったり、悲しんだり、喜んだりと、喜怒哀楽がたくさんある人生のほうが、はるかに面白いし、たくさんの思い出とともに、みなさんの人生を豊かにしてくれるはずです。

「うれしいことプラス100」が、「悲しいことマイナス100」でオフセットされるのではない。絶対値を足して200になるのです。

そのためにも、グチグチ悩んでいるより、「今日は1つ面白いことを何かやってみよう」と行動したほうがいい。

今の自分が幸せか不幸かなどは、極論すればどうでもいいことです。

そのようなことをいちいち考えずに、毎日毎日を楽しむ。

僕自身、いつやってくるかわからない「死」というゴールに向かって、そうやって時を重ねていきたいと考えています。

よく笑い、よく眠る。悩みの7割はそれで解決

「君たち人間ってのは、どうせ憐れなものじゃあるが、ただ1つだけ、こいつはじつに強力な武器を持っているわけだよね。つまり、笑いなんだ」

（マーク・トウェイン『不思議な少年』）

◆笑いこそ、人間の持つ「唯一、かつ強力な武器」

『トム・ソーヤの冒険』で知られるアメリカの作家、マーク・トウェイン（1835〜1910）は、最晩年に『不思議な少年』という、それこそ不思議な作品を書いています。

この『不思議な少年』という作品は、世間一般がイメージするマーク・トウェインのイメージとは大きく異なります。マーク・トウェインといえば、ユーモアにあふれ

た楽天的な作風をイメージしますが、この作品は、なんとも暗く、気が滅入るくらいにどこまでも絶望的なのです。

ただ、この絶望的な作品の中で作者は「笑いこそ、人間の持つ唯一、かつ強力な武器」だと述べています。これは正鵠《せいこく》を射た言葉だと思います。

『不思議な少年』の主人公は、「サタン」と名乗る少年。

不思議な力を持つ彼は、親しくなった村の少年3人を不思議な世界へと誘います。ところが、少年たちがそこで目の当たりにするのは、人間の愚かさや残酷さ、無力さなど……。物語では、サタンを通して、ひたすら人間のみじめさが描かれています。

ここには、不幸が重なった晩年のマーク・トウェインの人生観がにじみ出ているのかもしれません。出資していた企業がつぶれて巨額の負債を負い、それを返済するためにひたすら講演旅行を続け、疲労困憊《こんぱい》の中で追い打ちをかけるように長女が亡くなり、妻や三女が病気になり……。

そのような苦難の人生の中にあっても、いや、そうであるからこそ、彼は「笑い」の力を認めるのです。

そして、この物語で徹底的に人間を否定し、嘲笑し続ける主人公サタンに、「笑いは人間が持つ唯一の武器だ」と言わせています。

マーク・トウェインの人生を知れば知るほど、この言葉の持つ意味の重要性を感じます。


歴史を見ても、人々は「笑い」の持つ、とてつもないパワーを認め続けてきたといえるでしょう。そして、ときにそのパワーに脅威を感じ、それを封じ込めようとしてきました。宗教がいい例です。

拙著『仕事に効く教養としての「世界史」』(祥伝社)でも書いたのですが、そもそも宗教とは、「貧者の阿片《あへん》」です。不幸な人たちの心を癒すためのものなのです。「この世は苦しみに満ちているけれど、この神様を信じれば、あの世では救われるよ」と教えて、現状の苦しみを受け入れさせる。

だからこそ、宗教は世の中が極限状態に陥ったときのほうが発展しやすくなります。歴史的に見ても、世の中が乱れているときは、宗教が活発に興ります。

その宗教を凌ぐパワーを持っているのが、「笑い」です。

笑うとスッキリするはずです。スッキリしたら、宗教にすがる必要もなくなります。

だから、宗教指導者たちは「笑い」を封じ込めようとするのです。

イタリア人の大学者・ウンベルト・エーコ（1932～2016）が書いた『薔薇の名前』という小説では、まさにその様子が描かれています（40年近く前に映画化もされています）。

舞台は中世イタリアの修道院。そこの修道士たちが、アリストテレスが書いたとされる『笑いの書』を必死になって隠し、それが元で怪事件が起こる……という筋書きです（ちなみに、『笑いの書』はフィクションで実在しません）。

なぜ、修道士たちは、必死になって『笑いの書』を隠すのか。それは「笑いはすばらしい」ということが、世間に流布《るふ》されてしまえば、キリスト教をそれほど熱心には信じてくれなくなってしまうから、というわけです。

◆非常事態ではまず「しっかり眠る」

『笑いの書』を人々から隠すなど、ウソのような話だと思われるかもしれませんが、じつは私たちの身近でもよく起こっていたりします。たとえば、今の日本を見ると、状況はさして変わらないと感じます。

とくに仕事や公式の場では、ひたすら「真面目」が尊ばれ、「笑い」や「おふざけ」や「いたずら心」などの遊び心はタブー視される傾向があります。しかし、あらゆるイノベーションの生まれる素地は、じつはこうした遊び心からなのです。

逆に、額に青筋を立ててひたすら「真面目にせなあかん！」となったら、ロクなことになりません。視野が狭くなり、四角四面な発想しかできなくなります。

いい例が、東日本大震災のときのわが国の首相の対応です。

あのとき、首相は官邸のソファに寝泊まりをして、飲まず食わずで指揮をとっていた。それを知って僕は、「これは、しんどいな」と思いました。

非常事態においては、大将は、しっかり眠り、たっぷり食べて、心身ともに健康な状態でいなければならない。でないと、適切な判断ができません。

ところが、彼はその真逆をやっていたのです。「みんながんばっているのだから、俺もがんばらなあかん」と思ったのかもしれませんが、発想が逆です。

睡眠不足で、食事もロクにとらなければ、イライラしますし、怒鳴りたくもなるし、判断もブレやすくなります。それで国を左右する判断をしようとしていたのですから、恐ろしいものです。

仕事でもプライベートでも、深刻にならないほうがいい。

落ち込むことがあったら、仲のいい友達や、あるいはパートナーとおいしいものでも食べて、ゲラゲラ笑って、あとはぐっすり眠れば、悩みの7割ぐらいは解消できます。

講演会などで、「人生で落ち込んだときの過ごし方をアドバイスしてください」という質問にはいつもこう答えているのですが、質問者の方からは「僕は真面目に質問をしているんですよ」といわれたりします。でも、これは僕の真面目な答えなのです。もしかすると質問者の方は、「この本を読んだら元気になる」といった具体的かつ安直な答えを期待されていたのかもしれません。

でも、疲れていたら本すら読めません。本を読むにも体力が必要なのです。それより、たくさん食べて、大いに笑って、ぐっすり眠ったほうがいい。そして、スッキリしたら、翌日からまたゼロクリアして一所懸命働くほうがいい。

真面目に考えすぎるのは不幸の元なのです。

二者択一の連続。それが人生

「過ぎてかえらぬ不幸を悔やむのは、さらに不幸を招く近道だ」

（ウィリアム・シェイクスピア『オセロー』）

◆「不幸を悔やむと、さらなる不幸が来る」

「あのとき、ああしていたら、俺の人生はもっとマシになっていたかもな……」

「あのとき、あんなことを言わなければ、左遷されることもなかったのに……」

などなど、過去を悔やみ、恨み節をくどくど言い続ける人がいます。

人間は、ほかの動物に比べて大脳が発達し、高度な記憶力を持っています。ですから「忘れたい」と思っても、なかなかそうはいかず、「～だったら」とか「～していれば」

といった言葉がついつい出てしまいがちです。

しかし、これは、やめたほうがいいと思うのです。シェイクスピア（1564〜1616）の四大悲劇の1つ『オセロー』の中にも、こういうセリフがあります。

「過ぎてかえらぬ不幸を悔やむのは、さらに不幸を招く近道だ」

『オセロー』は、ご存じの方も多いと思いますが、家来イアーゴの悪だくみにより、妻デズデモーナの浮気を疑いはじめた主人公オセローが、嫉妬に狂った挙げ句、ついには妻を殺してしまいます。ところが、それが誤解だったと知り、絶望して自らも命を絶った……という物語です。

右のセリフは、物語の前半で、オセローとデズデモーナの結婚に反対するデズデモーナの父、ブラバンショーに、ヴェニスの侯爵が語ったもの。オセローを館に招き、娘と出会わせてしまったことを悔やむブラバンショーに、侯爵は「悔やめば、さらに不幸が続く」と諭《さと》したわけです。

これはまさに言い得て妙なり、です。

過去にやってしまったこと、あるいは、やらなかったことを悔やんだところで、気が滅入るだけです。いくら後悔しても、過去には戻れません。ウジウジ悩んでいるあいだに、貴重な時間がどんどん消えていきます。

消えていくのは、時間だけではないかもしれません。

大切な友人たちをも失う可能性があります。「〜だったら」や「〜していれば」と愚痴られてばかりでは、聞かされるほうも辟易《へきえき》するものです。だんだんつき合ってくれる人も減っていきかねません。

過ぎたことをクヨクヨするほど、人生のムダ遣いはないのです。

◆「たら」が好きなら魚屋で買え。「れば」が好きなら肉屋で買え

年をとることは、可能性を捨てていくことです。

僕も古希を過ぎ、そのことを現実問題として実感しています。

たとえば、ライフネット生命には、13の運動部がありました。あるとき僕は、昔取った杵柄《きねづか》で、その中の陸上部に入ろうとしました。すると、ある若い従業員から「何をバカなことを考えているんですか！」と厳しくとっちめられました。

当時、60代半ばを過ぎていた僕が、若い人たちと一緒になって走れば、転びやすいし、転べば骨折しやすいし、しかも治りにくい。20代、30代のときとは確実に体が違うのです。なにより、僕がしなければいけないことは、ライフネット生命をしっかり経営することであって、走っている場合などではなかったのです。

僕は「たしかにその通りだ」と納得し、陸上部に入ることは諦めました。

このように、年をとるに従い、できることが限定されていきます。若いころのように、「あれもできる、これもできる」とはいきません。

しかし、そのことは、けっして悲しむべきことではないし、むしろ、歓迎すべきことだと僕は思っています。なぜなら、自分の可能性が少なくなっていくことで、「現実」がよりよく見えてくるようになるからです。もっといえば、今、自分が何をすべきかがより明確になっていく。

逆に可能性がいっぱいあると、人は夢見がちになります。

仕事にしろ、結婚相手にしろ、自分にもっとピッタリ合うものがあるはずだと、いつまでもさまよい続けることにもなりかねません。

中国・晩唐の時代の詩人に、李商隠《りしょういん》（812〜858）という人がいます。政争に巻き込まれ、結局は下級役人として各地を転々としながら生涯を終えた人物です。

その彼がある旅先で、分かれ道を前にさめざめと泣いていました。土地の人が「旅のお方、どうして泣いているのですか」と尋ねると、李商隠はこう答えたといいます。

「前に道が2本ある。前に進むためにはどちらかを取らなければいけない。どちらかを取るということは、どちらかを捨てることです。片方の道を歩けば、もう片方の道を自分は一生歩くことはできないのです。それが悲しくて私は泣いているのです」

人生とはまさにこれだと思います。

AかBかで迷い、Aという選択をしたなら、Bを選択した場合の人生は存在しないのです。あとになって、「Bを選択していれば……」と思うのは、「あり得ない世界」を夢見ているだけなのです。

若いころから僕が口癖にしている言葉があります。

「『たら』が好きなら魚屋でタラを買ってくればいい。『れば』が好きなら肉屋でレバーを買ってくればいい」

「タラ」も「レバー」も腹一杯食べれば満足するのと同じように、愚痴もぐっと飲み込んでしまって、振り返らないのが一番です。

それでもどうしても、Bという選択肢を諦めきれないのであれば、再挑戦すればいいのです。

人間、何事も3年続ければ、そこそこの腕前になるといわれています。「もう年だから、何もできない」などと悩んでいるだけ時間のムダ。「やりたかった」と後悔するのなら、何事であれ今すぐにはじめましょう！

明日に持ち越せば、1日、年をとります。

今のあなたが、一番若いのですから。

順調なときこそ「身の丈を知る」

「辛抱強さはよいものだが、それが順風満帆のときであればなおよい」

（ニザーム・アルムルク『統治の書』）

◆宇宙から見たら、みんな「鍋に浮かぶアクのような存在」

私たちが暮らしている地球は約45億7000万年前に生まれた星です。長い地球の歴史の中で、たとえば石灰岩やセメント、石油などの恵みをもたらした白亜紀（地球の歴史を1年と見なせば12月20日から26日まで）は、ユカタン半島に衝突した直径10キロメートルに及ぶ、巨大な隕石のおかげで突然終焉を迎えました。

わがもの顔で地球を闊歩していた恐竜たちは、一瞬にして滅んでしまったのです。

また、過去1000年の歴史を振り返ると巨大な火山噴火は100年に一度あるかないかですが、1億2000万年前のオントン・ジャワ海台《かいだい》の大噴火では、100万年にわたってマグマがあふれ続けたことが確認されています。

このような巨大な天変地異が起これば、人間の文明などひとたまりもないことでしょう。

そもそも人間が暮らしている地表自体が、大きさといいその寿命（安定性）といい、寄せ鍋の表面に浮かんでくる「アク」のような存在にすぎない、という話も聞いたことがあります。

そうであれば、人間にとっての基本は私たちの「身の丈を知る」ことです。

◆人生「足下をすくわれない」コツ

ニザーム・アルムルク（1017～1092）は、トゥルクマン系のイスラム王朝であるセルジューク朝（1038～1194）の黄金期を担った大宰相です。

アルプ・アルスラーン（2代目）とマリク・シャー（3代目）の2代のスルタン（君主）の下で、行政・軍事の両方を整備し、セルジューク朝の統治体制の基礎をつくります。文化や学問の保護にも力を入れ、イスラム教スンニ派を研究するニザーミーヤ学院を各地に創設しました。

ニザームは名宰相として手腕をふるっただけではありませんでした。軍人としても優れており、領土拡大に熱心だったアルプ・アルスラーンの代には、東ローマ皇帝を捕虜として大勝利に終わったマンジケルトの戦い（1071年）など、数々の遠征に参加しています。

まさに「文武両道」を地でいった人物なのです。

その彼が書いたものに『統治の書』があります。歴史上、あるいは各地のさまざまな逸話を挙げながら「理想的な君主」について述べたものです。帝王学の教科書であるとともに、ペルシア語散文学の傑作として、イスラム圏では長く読み継がれています。

その中に、「辛抱強さはよいものだが、それが順風満帆のときであればなおよい」という金言があります。

人間は大自然に対してだけでなく、同じ人間に対しても傲慢になりやすい動物です。順風満帆のときほどそうなりやすい。

ニザームは鋭く人間のその性向を評して、上手くいっているときほど、身の丈を意識して謙抑《けんよく》的にならなければいけないと諭《さと》しています。

21世紀に入ってAI（人工知能）が話題になるなど、人間の文明の進歩はとどまることを知りません。日々の生活もますます便利になっていきます。

このような環境下で、ついつい私たちは、大自然はもとより人間社会に対しても傲慢になりがちです。

僕は、科学文明が進めば進むほど、人間は謙抑的にならなければならない、つねに身の丈を意識して生きていかなければならない、と考えていますが、そんなとき、ニザームの金言を思い出すのです。

ついでにいえば、この『統治の書』では、イスラム教徒ではないササーン朝の英雄ホスロー1世やガズナ朝のマフムードなどが「公正な君主」「理想の君主」として描かれています。大宰相ニザームの柔軟でオープンな見識が偲《しの》ばれて、とても勉強になります。

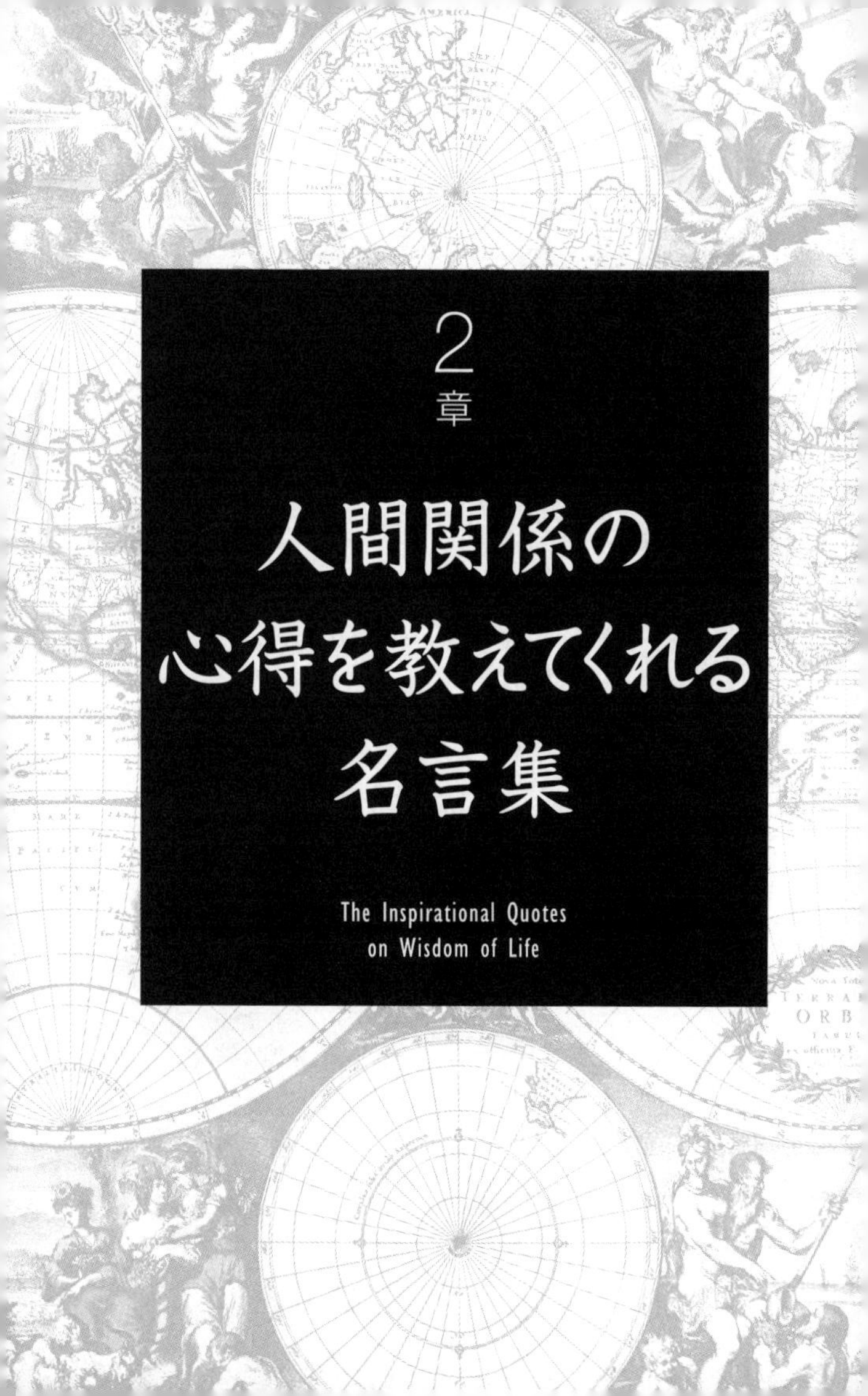

2
章

人間関係の心得を教えてくれる名言集

The Inspirational Quotes
on Wisdom of Life

誰もが、そこそこに善良で、そこそこにずる賢い

「不思議なものは数あるうちに、人間以上の不思議はない」

（ソフォクレス『アンティゴネー』）

◆人間の脳は1万3000年前から進化していない

人間ほどわからないものはない。

みなさん、そう感じることはありませんか？　僕は、いつもそのことを強く感じています。

直接の利害が絡まない限り、たいていの人はニコニコ笑って感じよく接してくれます。みんな、いい人ばかりです。

ところが、ひとたび、利害関係が生じると状況は一変します。

たとえば、企業の中で上司・部下という上下関係になったり、営業部と経理部など利害が一致しない関係になったりすると、相手の狡猾《こうかつ》さや、卑劣さといったものをしばしば目の当たりにします。

また、普段は「あなたの味方ですよ」という顔をしていても、わが身が危なくなると、手のひらを返すように平気で裏切る人も、この世にはごまんといます。

人間は、そのときどきの関係性によって、いい人にも悪い人にもなるのです。

そうした人間の有《あ》り様《よう》を、僕は「接線思考」と名づけています。

円に引いた接線は、円をちょっと回転させただけで大きくその角度を変えます。この言葉は、そのことをもじってつけた名称です。

目先の状況や関係性次第で人間は白にも黒にも瞬時に変われる。この傾向は、集団になるともっとひどくなります。人間は、集団の考えにどんどん流されていきます。

人間とは、そのようなつかみどころのない存在なのだというのが、僕自身の人間観です。

そう思っているのは、現代を生きる僕だけではないようで、古代ギリシアの三大悲劇詩人の1人とされるソフォクレス（紀元前496ごろ～前406ごろ）は、『アンティゴネー』という作品の中で、こういうセリフを書いています。

「不思議なものは数あるうちに、人間以上の不思議はない」

この作品は、オイディプス王の娘、アンティゴネーの悲劇を描いた物語です。

オイディプスは実父とは知らずに父を殺し、その後、実母とは知らずに母と結婚した人物（フロイトの「オイディプス・コンプレックス」という言葉の元となったのは、この人です）。のちにその事実を知ったオイディプスは、己の運命を呪い、自ら目をつぶして放浪の旅に出てしまいます。

そこで、アンティゴネーの兄たちのあいだで王位争いが勃発。一騎討ちとなり刺し違え、ともに果てます。ところが、その争いに乗じて王位についた新王は、兄の1人に対して、一切の葬儀を禁止。それに憤ったアンティゴネーは禁を犯し、兄を埋葬しようとしますが、番人に見つかり、王の元へ引き立てられてしまいます。

そうしたアンティゴネーの、恐れを知らない大胆不敵な行動を評して語られるのがこのセリフなのです。

作者のソフォクレスが生きた時代は紀元前5世紀。今から2500年近くも前のことです。人間の脳は1万3000年くらい前に起こったドメスティケーション以来、ほとんど進化していないといわれていますが、人間という存在の不可解さ、さらには、人間関係の難しさは、今も昔も変わらないようです。

結局のところ、この世には、とんでもなく賢い人も、とんでもなく愚かな人もじつはいないのではないでしょうか。そして、とんでもない悪人も、とんでもない善人もじつはいない。みんな、そこそこに賢くて、そこそこに愚かで、そこそこに善良で、そこそこにずる賢い。要するに、みんな、チョボチョボなのです。

だからこそ、人間関係において、「この人はいい人だ」とか、「この人は悪い人だ」と単純に割り切ってしまうと、あとで痛い目に遭ってしまうのです。

◆人間関係が楽になる名言——「まさかのときの友は、本当の友」

また、人間関係においてけっして忘れてはいけないのが、基本的に人と人とを結びつけているものは「利害」だということ。人はお互いなんらかのメリットがあるから、相手とつながっているのです。このことは肝に銘じておく必要があります。

もちろん、世の中には、自らの利害を度外視して動ける立派な人もいます。

たとえば、中国・西漢（前漢）時代（紀元前3世紀～1世紀）の司馬遷《しばせん》（紀元前135ごろ～?）がいい例でしょう。

李陵《りりょう》という武将がいました。彼は匈奴討伐《きょうどとうばつ》に失敗し、敵に囚われの身となり、武帝の怒りを買います。その李陵を、宮廷において唯一、司馬遷だけが弁護したのです。

司馬遷と李陵とはとくにつき合いがあったわけではありませんが、司馬遷は李陵の勇猛果敢さを認めていました。だからこそ、李陵の戦いぶりをほめ、彼が責任を取って自害しなかったのは、理由があったのだろうと擁護します。

ところが、そのせいで司馬遷は武帝の怒りを買ってしまいます。結果、宮刑《きゅうけい》（古代中国の重刑の1つで、男性の場合、生殖器を切られる）に処せられてしまいました。

この司馬遷の勇気には感服します。

権力者に迎合することなく、己が正しいと思うことを貫く強さ。さらに、このときの悔しさが司馬遷を発奮させ、古代中国の最高の歴史書『史記《しき》』を完成させる原動力となったという後日談もあります。

とはいっても、司馬遷のような根性のある人は古今東西を見渡しても、滅多にいません。たいていの人は、権力者が「あいつは悪い」と言ったら、「その通りです」と反応してしまいます。

人間は自分や自分の身内が一番かわいいものです。わが身、わが一族を守るためだったら、知人だろうがなんだろうが平気で裏切れるのがたいていの人間です。

そのことを私たちは、しっかりと認識しておいたほうがいい。

そうでないと、「友人だから、困ったときには助けてくれるだろう」などとあり得ない思い込みに陥ってしまいかねません。そして、いざ裏切られたり、騙されたりすると、「なんてひどいことを……」とショックを受けてしまう。

極論をいってしまえば、「本当に困ったときに助けてくれる人はほとんどいない」ぐらいに考えておいたほうが、人間関係は楽です。

人生も生きやすくなります。

英語のことわざに「まさかのときの友は、本当の友（A friend in need is a friend indeed.）」というのがありますが、こうした友に出会えるのはごくごく稀《まれ》なこと。もしそんな「まさかのときの友」に出会えたらそれこそラッキーだと、素直に喜べばいいのです。

「会って別れて」をくり返すのが、人生

「去る者は追わず　来る者は拒まず」

（孟子《もうし》『尽心・下』）

◆「相手の心に任せる」と、人生、意外にうまくいく

人間関係は「別れる」のが基本だと僕は考えています。

人生の中で出会ったほとんどの人とは、いずれは別れがやってくる。

そうやって「会って別れて」をくり返していくのが人生なのではないでしょうか。

人間関係はつねに入れ替わっていく。「一生を通じた友情」など、基本的にはあり得ない。もし、そういう関係を築けたら、自分は本当にラッキーだと考えたほうがいい。

こうした考え方に立つ僕にとって、人間関係の基本は、「去る者は追わず　来る者は拒まず」だと考えています。

これは、中国・春秋時代の儒教の思想家、孟子（紀元前372ごろ～前289ごろ）の言葉です。

彼がある館に泊まったときのこと。その主のつくりかけのわらじが突如なくなります。「あなたの弟子の仕業では？」と疑われた孟子は、「そうかもしれないし、そうでないかもしれない。ただ私は、学ぶ意志があるならどんな人間であれ、弟子にするのです」と述べ、この言葉を言ったのです。

自分の許から去っていく人をけっして引き止めないし、自分とかかわりたいと寄ってくる人は受け入れて拒絶しない。

人は生まれながらに「善」であるという「性善説」を説いた孟子らしい言葉です。

それと同時に、僕はこの言葉から、人とかかわっていく際の基本を教えられた気がします。

この言葉を、人を高みから見た、高邁《こうまい》な（あるいは上から目線の）ニュアンスがあると受け止める人もいるようですが、僕はそうは思いません。

むしろ逆です。

すべての人間関係を相手の心に任せ、こちらからは無理強いをしない、という謙虚な姿勢を、僕はこの言葉から感じるのです。

◆そもそも「思うようにいかない」のが人間関係

日本生命時代の話です。

当時、非常にユニークで優秀な部下がいました。

彼は将来を見込まれて、日本生命からアメリカに留学。ところが、帰国をした途端に「辞めたい」と言い出したのです。海外に出て広い世界を見てきたことで意識が大きく変わったのでしょう。

慌てたのは人事です。

僕のところへ来て、彼を引き留めるように頼まれたのです。なんでも彼は僕のことを慕ってくれていて、僕が「辞めるな」と言えば従うはずだというのです。

そこで僕は真剣に考えました。

「彼を無理をしてでも引き留められる条件は、なんだろうか」と。

それには2つあると気がつきました。

1つは、僕が彼より長生きすること。

もう1つが、僕が社長になることが確実に決まっていること。

つまり、「僕はお前より長生きするから、お前の面倒を一生、見ることができる。しかも、社長になることが決まっているから、けっして悪いようにはしない」。そう言い切れることができたら、「残れ」と言えると考えたのです。

しかし、僕はこの条件を2つとも満たせていませんでした。僕は彼より年齢が上です。自然に考えたら、僕のほうが早く死ぬ確率が高い。僕が社長になるかどうかは、もちろんまったくわかりません。

結局、僕は彼を引き留めませんでした。

「辞めたいと思います」と言いに来てくれた彼に、「じゃあ、がんばれよ」と送り出しました。一方の人事には「いや、意志が固かったです」と伝え、この件は終わりにしました。その後、彼は新天地で大成しました。

「去りたい」という人を、私たちは無理に引き留めることはできません。

自分には自分の人生があるように、相手には相手の人生があるからです。

相手の一生に対して、責任を持って確実に面倒を見ることができるのであれば、こちらの都合で引き留めることもできると思いますが、そんなことはそもそも不可能です。ならば、やはり相手の意思を尊重するに限ります。


僕のこのスタンスは、出会いに対してもまったく同じです。

「会いたい」と言ってきた人には、基本的には「NO」と言わずに会うようにしています。これは若いころからの習慣です。

僕はしばしば「人脈が広い」といわれたりしますが、それは、このように「来る者は拒まず」で単にたくさんの人に会ってきたからにすぎないのです。

「人脈づくりの秘訣を教えてください」と訊かれることがありますが、秘訣は何もありません。

人脈はあくまで結果です。

「人脈づくり」などを考えていたら、結局のところ人づき合いは広がっていかないと思います。人脈をあたかも「自分のためのコマ」のように考えている人とは誰もつき合いたくはありません。

自分の思うようにいかないのが人間関係です。

出会いも別れも偶然の要素が非常に大きいと思いますし、どだい相手の心をこちらがどうこうすることはできません。だから、僕は「去る者は追わず　来る者は拒まず」で、川の流れに身を任せて生きるようにしているのです。

「人生は別れ」、そういえば有名な詩がありましたね。

「コノサカヅキヲ受ケテクレ
ドウゾナミナミツガシテオクレ
ハナニアラシノタトヘモアルゾ
『サヨナラ』ダケガ人生ダ」（井伏鱒二《いぶせますじ》訳。原詩は、于武陵《うぶりょう》の『勧酒《かんしゅ》』）

人を「鏡」にすると、自分が見えてくる

「困難なことは、自己自身を知ること。
容易なことは、他人に忠告すること」

（『ギリシア哲学者列伝』タレスの言葉）

◆自分の顔は見えないが、人の顔ならよく見える

今、みなさんは、どういう人たちとつき合っていますか？

人間は弱い動物ですから、人間関係においても、ついつい自分と気の合う人ばかりを求めてしまいます。趣味や嗜好が一緒だったり、自分と価値観が似ていたり、こちらの意見に対してたいていは「ＹＥＳ」と言ってくれる人だったり。そのほうが楽しいので、これはごく当たり前の傾向です。

とくに年齢を経るにしたがって、誰とつき合うかの自由度は上がっていきます。若いころは、いろいろと周囲の制約もあって、苦手な人ともつき合っていかなければなりません。たとえば、上司がその最たるものでしょう。たいていの部下は上司を選べません。

ところが、自分が上司の立場になれば、部下を選択できる機会も増える。仕事をする相手もなんだかんだと理由をつけて、嫌な人や苦手な人を避けようと思えば、避けられる。

しかし、これでは人間は成長できません。

なぜなら、気の合う人とばかりつき合っていては、今の自分をありのままに、歯に衣を着せずにはっきりと直言してくれる人がいなくなってしまうからです。これでは自分を客観的に見ることができなくなってしまいます。

古代ギリシアの哲学者で、「万物の根源は水である」と唱えた人にタレス（紀元前640ごろ～前546ごろ）がいます。彼は、幾何学や天文学、航海術、土木術、政治学など、あらゆる学問に通じていて、古代ギリシアの七賢人の1人といわれています。

そのタレスには、「『何が困難なことか?』と問われて、『自己自身を知ること』と答え、『何が容易なことか?』と問われて、『他人に忠告すること』と答えた」という有名なエピソードが残されています。

これには、みなさんも納得されるのではないでしょうか。

自分のことは、一見簡単に知ることができそうですが、じつはそうではない。

たとえば、自分の顔にしても、直接には見ることができず、「鏡」という道具を使ってはじめて、自分の顔を見ることができます。しかし、それとても正確なものではありません。鏡が見せてくれるのは、左右反対の自分ですから。

自分の声も、日ごろ、自分の耳で聞いているものと、他人に聞こえているものとは異なります。それは、カラオケで自分の歌声を録音してみるとよくわかります。「えっ、自分はこんな声をしていたのか!」とビックリさせられます。

こんな些細なことでさえも、人間は意外と自分を知り得ていないのです。

一方の「人に忠告することが一番易しい」というのも、よくわかります。実際私たちは、他人のこととなると、よく見えるものです。

人のことだと、「なんと賢明な判断だろう」とか、「なんてアホなことを……」といったことがリアルに理解できる。そして、それはたいがい的確だったりします。どうしてそうした的確な判断が自分自身に対してはできないのだろうと歯がゆくなるくらいです。

さて、このタレスの教訓を、自分の人生に活かすならば、自分のリアルな姿を知るためには、他人からの的確な指摘が欠かせない、となるのではないでしょうか。自分で自分を知ることは難しいけれど、他人にはこちらのことがよく見えているからです。

そして、その「他人」とは、自分の姿を客観的に見てくれていて、耳が痛いことも遠慮せずに率直に話してくれる人。聞き心地のいい言葉を言ってくれる人ばかりでは、自分を知ることはできません。

◆世界帝国を一代で築いた男は「言うこと」が一味違う

中国・唐の時代、第2代皇帝、太宗《たいそう》（李世民《りせいみん》：599〜649）に仕えた名臣に魏《ぎ》徴《ちょう》（580〜643）という人がいます。

「人生意気に感ず」という有名な詩を残した人です。彼はもともと、太宗の父である唐の初代皇帝、高祖《こうそ》（李淵《りえん》）の長男、皇太子（李建成《りけんせい》）の教育係でした。

ところが、この皇太子はおっとりしていて、皇帝になるにはどうも頼りない人物。一方、その弟である李世民は野望も能力も兄を凌ぐものがありました。

そのことを十分に承知していた魏徴は、毎日のように皇太子に対して、「今のうちに弟を殺しなさい。さもないとあなたが殺されます」と助言し続けます。しかし、李建成は行動に移せない。案の定、「玄武門《げんぶもん》の変」（626年）で弟、李世民によって殺害されてしまいます。

その後、李世民は太宗として即位。そうなると、魏徴は罪人となります。兄の李建成の側近であり、しかも、李世民を殺せと言い続けたのですから。

彼は、太宗の前に引き立てられます。太宗は魏徴に対して問います。

「私の兄に、私を殺せと毎日言い続けたのは、お前か」

魏徴はこう答えました。

「あなたのお兄さんはアホな人でした。私はこうなることがわかっていたから、早くあなたを殺せと言い続けたのです。あなたのお兄さんがもっとものわかりがよく、私の助言を実行してくれていれば、私はこのように罪人にならず、首を切られることもありませんでした。楽しい人生を送れたはずです。あなたのお兄さんが愚かで、私の言うことを聞かなかったばかりに、私は今殺されようとしているのです」

ところが魏徴は殺されませんでした。

太宗は、「お前は今後、俺のそばを片時も離れず、俺の悪口を言い続けてくれ」と言って、彼を自分の参謀にするのです。

そして、魏徴が死んだとき、それを嘆いて太宗はこう述べます。

「人を鏡としてはじめて、自分の行為が当を得ているかどうかがわかるものだが、私は鏡とする人物を失った。もう二度と自分の本当の姿を見ることはできないのだ」

皇帝ともなれば、周りはゴマすりばかり。そこであえて、自分の悪口を言ってくれる家臣を側に置く。さすが大唐世界帝国といわれる一大国家の基盤を築き上げた人物は一味違います。

後に、太宗を尊敬していたクビライは、一生、魏徴（のような人物）を探し続けたといわれています。

前述したように、人間は年を重ねるにつれ、誰とつき合うかがかなり自由になります。そのとき、ただただ一緒にいて楽しい人とだけつき合うのか、それとも、そういう人だけではなく、あえて「こんちくしょう!」と思うような直言居士《ちょくげんこじ》ともかかわっていくのか。

どちらを選ぶかは、その人その人の人生観だと思います。

僕自身はというと、自分の行為が当を得ているかどうか自信が持てないので、迷いなく後者を選びます。

立命館アジア太平洋大学(APU)の学長となったいまでも、年上ではるかに経験豊富な先輩から苦言を呈されることで、なんとか仕事ができていると僕は思っています。

「言わなくてもわかる」は、あり得ない

「世の中のいざこざの因になるのは、奸策《かんさく》や悪意よりも、むしろ誤解や怠慢だね」

（ヨハン・ヴォルフガング・フォン・ゲーテ『若きウェルテルの悩み』）

◆「一言」を怠けるから、人と人は気まずくなる

人間関係は、ときにこじれることがあります。

その原因を探ってみると、どちらかに悪意があった場合より、どちらかがついうっかりしてコミュニケーションを怠けてしまったがゆえに起こってしまった場合のほうが、はるかに多いのではないでしょうか。

たとえば、ある行事に呼ばれなかったAさんが、主催者と敵対関係になってしまう。

こういうシチュエーションはしばしば見られます。

このとき、主催者側がわざとAさんを怒らせるために声をかけなかったというのは、かなり稀なケースだと思います。たいていは悪意がない。声をかけるのをうっかりして忘れてしまったとか、定員オーバーだったので、「まあ、いいか」とほったらかしにしてしまった……などでしょう。

しかし、このコミュニケーション不足が争いの元になるのです。

声をかけてもらえなければ、Aさんは、自分がないがしろにされたような気分になります。「これまであれほどよくしてやったのに、俺に声をかけないとは何事だ。あの恩知らずは許せん」と憤ってしまうのも仕方がありません。

一方、事前に「今回、もう定員がいっぱいになってしまったから、お前を呼べないけど、ごめんな」と一言伝えておけば、Aさんも「いいよ」と、丸く収まったかもしれません。

ところが、この一言を怠けてしまう。

そして、その結果、相手との関係が悪くなる。

人間関係のこじれというものは、だいたいがこうした瑣末《さまつ》なところから生じているように思います。悪意のかたまりのような人物がいて、「あいつとあいつをケンカさせよう」と奸策していざこざが起こるケースなど滅多にないのではないでしょうか。

ドイツの文豪、ゲーテ（1749〜1832）の若かりし日の作品、『若きウェルテルの悩み』にこういう言葉があります。

「世の中のいざこざの因になるのは、奸策や悪意よりも、むしろ誤解や怠慢だね」

主人公、ウェルテルが友人に送った手紙の中で、親戚の伯母が自分の母親がいうほど悪い人ではなかったと伝える際に語った言葉です。

その後、ウェルテルは、婚約者のいるシャルロッテに恋をし、その叶わぬ恋に苦悶し、自ら命を絶つことを選びます。

ちなみに、この若者の苦悩を描いた作品は、当時、大ベストセラーとなり、とくに若者たちに大きな影響を与えました。なんとウェルテルのあとを追うように、自殺する若者が次々と現れたといいますから。

◆「不和の女神」を怒らせる人

さて、いざこざの発端は、単なる誤解や怠慢にすぎなかったにしても、それがときには、取り返しのつかない争いになってしまうこともあります。個人対個人であれば、それが殺人を引き起こすこともありますし、国家間であれば、戦争という事態を招くこともあるのです。

ギリシア神話にも有名な話があります。

トロイア戦争の原因となった祝宴の一件です。

ギリシアの英雄ペレウスと、海の女神テティスの結婚式が、大神ゼウスによって盛大に開かれます。ところが、そこに招待されなかった神様がいました。不和の女神、エリスです。それを知り激怒したエリスは結婚式に乗り込み、黄金のリンゴを投げ込みます。そこには、「一番美しい人に」の文字。

すると、美しさに自信があった、ヘラとアテナとアプロディテの3人の女神が「このリンゴは私のものだ！」と主張します。この3人の争いが発端となって、トロイア戦争がはじまるわけです。

この戦いはなんと10年も続きます。

さまざまな神々の集まる祝宴にエリスが呼ばれなかったのも、別に彼女を傷つけようとか、陥れようとか、そんな大それた悪意があったわけではないと思います。不和の女神ということですから、「エリスが来ると、何かめんどうなことが起こりそうだからやめておこう」くらいの気持ちだったのではないでしょうか。

まあ、それでも、相手が不快にならないように、なんとか理由をつけて「ごめんな」の一言を伝えておけば、エリスもここまで激怒しなかったはずです。それをしなかったのは、主催者側のコミュニケーションが丁寧でなかったからで、手抜きをしてサボったからです。

しかし、この些細な怠惰が、10年にもわたる大戦争を引き起こしてしまったのです。

これは何もギリシア神話に限ったことではなく、今を生きる私たちにも十分起こり得ることなのです。そして、それを回避する方法は単純明快です。

そうです。コミュニケーションをサボらない、手を抜かない。

「言わなくてもわかってもらえる」という幻想は捨て、誤解が生じないようにきちんと言葉で丁寧に伝えていく。これは、僕自身への自戒でもありますが……。

善人より、じつは悪人のほうが対処しやすい

「悪人とはゲームができるが、善人とはゲームはできない」

（中野好夫《よしお》『悪人礼賛』）

◆「自分は善人」と思い込んでいるのが、善人

なんらかの意図を持って近づいてくる人とは、できるならつき合いたくないもの。

とはいっても、そうした人たちを避けられない場合があります。

たとえば、ビジネスの世界であれば、ある程度、頭角を現してくれば、必ず足を引っ張ろうとする人が出てきます。

人間はその程度の存在ですから、これは仕方がありません。

ただ、このときにいえるのは、なんらかの意図を持ついわゆる「悪人」は別に怖い存在ではない、ということです。

なぜなら、彼らとは取引ができるからです。

「悪人」とは、自分がなんらかの意図を持っていることを自覚している人たちのことです。つまり、「これは悪いこと」だと自分で理解した上で、それでも相手を貶《おとし》めようとしたり、欺《あざむ》こうとしたり、奪おうとしたりする人。

彼らがそうするのは、そうまでしても「手に入れたいもの」があるからです。それは、権力だったり、お金だったり、名声だったりで、彼らの目的は明確なのです。

なので、こちらとしては、それが読めれば、取引ができます。

交渉して、お互いの妥協点を探っていけます。

「お前がこの地位をほしいというのはわかっている。でも、すべてを与えるわけにはいかない、この部分はお前に渡すから、それでどうだ」といった具合です。こちらがこうした態度に出れば、相手も「それなら、わかった」と返事がしやすいものです。

こうした悪人よりはるかに恐ろしいのは、「善人」です。

元東京大学教授で英文学者の中野好夫先生（1903〜1985）が、人間心理を見事についた内容の次のような言葉を残しています。

「悪人とはゲームができるが、善人とはゲームはできない」

「善人」とは、自分で「これこそが正義だ」「これがみんなのためになる」「自分はいいことをやっている」などと固く信じて、周りにガンガン働きかけてくる人です。

「この水を飲めば病気が必ずよくなる」と100％信じ込んで、患者のみなさんに水を勧めるなどというのは、まさにこのケース。

こうした人とは交渉も取引もできません。

本人としては100％善意でやっているつもりですから、何をいっても聞く耳を持ってもらえない。こちらとはまったく異なるルールで生きている人たちなので、はじめから「ゲーム」にならないのです。

たとえば、11世紀の終わりごろにはじまった十字軍（当時の言葉では「フランクの侵略」）で、聖地回復のためエルサレムに向かった人々は、極論すれば、大きく2つのタイプに分けられます。

1つは、ローマ教皇の「異教徒から聖地エルサレムを回復し、キリスト教徒を救うのだ。そして、その行動を神は望んでおられるのだ」という扇動に魅せられた人々。いってみれば、正義や信仰に基づいて参加した人たちです。

もう1つが、教皇があざとくも示唆した「東方の土地は豊かで、ご飯もおいしいし、女性もきれいだぞ」という噂に心がときめいた人たち。土地も財産も持てない二男、三男の中には、こうした理由で十字軍に参加した人も少なくありませんでした。

迎え撃つセルジューク朝（トゥルクマン系のイスラム王朝）にとって手に負えなかったのは、もちろん前者です。

「神はイスラム教徒を全滅させることを望んでおられるのだ。相手を殺し尽くすまで帰るつもりはない、殺されても、それで天国に行けるのだから本望」などと本気で思っているのですから。そんな人とは交渉ができません。「お前さんは、エルサレムに自由に墓参りがしたいんだろう。だったら、エルサレムへの通行の自由を認めるし、危害も加えないので、もう殺し合いはやめようよ」などと話しても通じないのです。

一方、後者とは、取引ができます。

「多少の土地で、手を打とう」と交渉を持ちかければ、話は比較的つきやすい。

◆「無知の善人」は「悪人」より始末が悪い

人間関係においてしんどいのは、こうした善人とのつき合い方です。

向こうは悪気がない分、こちらとしては如何《いかん》ともしがたい。

こうした善人に遭遇した場合は、「敬して遠ざける」のが一番だと思います。

しかし、それができない場合は、数字・ファクト（事実）・ロジック（論理）で、正しい筋道を示し、誠実でかつゆるぎない態度で、相手の思い込みを撃破しなければなりません。そうしないと、相手は変われないのですから。そして多くの人に迷惑をかけるのですから。

それから、もっと注意したいのが、自分が気づかぬうちに「善人」になってしまっていること。「まさか、自分は……」と思うかもしれませんが、自分で気づかぬうちに「善人」となり、周りを辟易させていることはしばしば起こりがちです。

たとえば、マンションの管理組合の役員に企業でバリバリ働いていた人がなったとします。こういう人は仕事ができる分、管理組合の今までのやり方に対して、「なんとかったるいのか」と思ってしまう。そこで、「ここにもムダがある。ここにもムダがある」と改革をガンガンはじめるわけです。

ところが、マンションの住民の多くは、改革を少しも望んでいなかったりします。「別に今のままで誰も困っていないのに、なぜわざわざこれほど大変なことをしなければならないのだろうか」となるわけです。

本人はマンション住民のためにいいことをしているつもりでも、周りは迷惑に思っている……。こういうことは、結構、身近で起こっていたりします。

こうなってしまうのは、周りが何も見えていないからです。自分の価値観だけで暴走してしまっている。つまり、「無知の善人」になってしまっているのです。

そして、「無知の善人」にならないためには、やはり「知ること」が大切です。

周囲をよく観察し、勉強して、この世界のことや、人間のことについての知識を増やしていく。それ以外に方法はないと僕は考えています。自分の世界にばかり閉じ込もってしまいがちな人が、無知の善人になっていくのです。

人生を「面白がる」

「天知る、地知る、我知る、子《し》知る」

（范曄《はんよう》『後漢書』）

◆「人生をムダにする言葉」がある

「『愚痴を言う』『他人を嫉む』『誰かに評価して欲しいと願う』……、人生をムダにしたければ、この３つをどうぞ」。

前述したちきりんさんのツイートを発見したとき、それに一言、「（人生をムダにしたければ、）たくさん、（この３つをどうぞ）」という言葉をつけ加えてリツイートしました。すると、賢い人がいて、「その通りですけれど、３番目が一番難しいですね」

と返してくれました。

非常にするどい指摘です。

人間にとって、「人からほめてもらいたい。人からよく見られたい」という欲望はとても強いものです。この欲望を克服するのは、なかなか難しい。

しかし、よく考えたら、他人が自分のことを真剣に見てくれる機会は、それほど多くはないのではないでしょうか。

自分をよく見てもらえる確率は、じつはかなり低い。あったとしても、たまたまこちらの行動を目にしてくれて、「よくやっている」と思ったらほめてくれる、という程度のこと。企業で部下を管理する役割にある上司でさえ、部下をそれほど頻繁に注意深く観察しているわけではありません。

なので、「よく見られたい」とか、「ほめられたい」と願っても、なかなか叶うものではありません。極論すれば期待するだけムダです。

◆「自分だけでなく天と地が知っている」ことに満足

中国の歴史書『後漢書』に出てくる言葉に「天知る、地知る、我知る、子知る」があります。

東漢（後漢）時代の官僚、楊震《ようしん》（54～124）が、地方の任地に向かう途中の出来事です。宿泊先にかつての部下が訪ねてきて、賄賂を渡そうとする。楊震は断りますが、部下は「われわれ以外、誰も知りませんから」と引き下がりません。

そこで楊震が言ったのが、先ほどの言葉。

いいことをしても、悪いことをしても、まず天にいる神様が見ている。次に地にいる神様も見ている。そして、何よりも自分が見ている。そしてあなた（＝「子」）も見ている。

僕がこの言葉に注目するのは、「他人（＝「子」）」が、最後に来ていることです。

他人が気づくのは、結局、一番最後なのです。そして、先ほどから述べているように、世の中とはしょせんそういうものだと思います。

そうであれば、いつ気づいてくれるのかもわからない「他人」は、はなからあてにはしない。それよりも、天と地と自分が「知っている」ということに満足する。「この3つがあれば、十分じゃないか」と考える。

こうした発想で生きたほうが、人生は楽しくなると僕は思っています。

人からよく見られたいとか、ほめられたいという気持ちが、もっとも人間が心を病む原因の1つだと思うのです。そして、心が病めば、だんだん体も病んでいきます。とはいえ、たしかにそうだと頭ではわかっていても、やはりまだ「天知る、地知る、我知る」だけでは満足できないという人がいるかもしれません。

解決方法は簡単です。

今やっていることをより面白くするのです。

人からよく見られたい、ほめてもらいたいというのは、結局のところ、自分が今取り組んでいることに熱中できていないからです。「これほど、面白い仕事はない」と思って夢中になって取り組んでいるときは、人からどう見られようと、どう思われようと、たいして気にならないものです。

たとえば、僕が新入社員で日本生命に入って最初に割り当てられた仕事は、ハガキの宛名書きでした。あまりにも退屈だったので、「どうすれば面白くなるかな」と考えました。

そこで思いついたのが、宛名を見て素敵な女性の名前だったら、「どんな女性だろうか~」などと考えながら一字一字丁寧に書く。一方、暑苦しそうなオジサンだなと思う名前だったら、「普通の字でいいか」といった具合です。

ただ、当時の女性上司が目ざとく見つけて、「出口さん、お客様はすべて大切なお客様です。なので、同じようにきれいな字で書いてください」と叱られてしまいましたが……。

人間は、結構、ごくごく小さなことでも面白がることができる動物です。別に血眼になって「面白くするにはどうすればいいんだろう?」と探さなくても大丈夫。

そして、人生のいろいろなことを面白がるようになると、冒頭の「愚痴を言う、他人を嫉む、誰かに評価して欲しいと願う」の3つが遠いことのように思えてくるはずです。

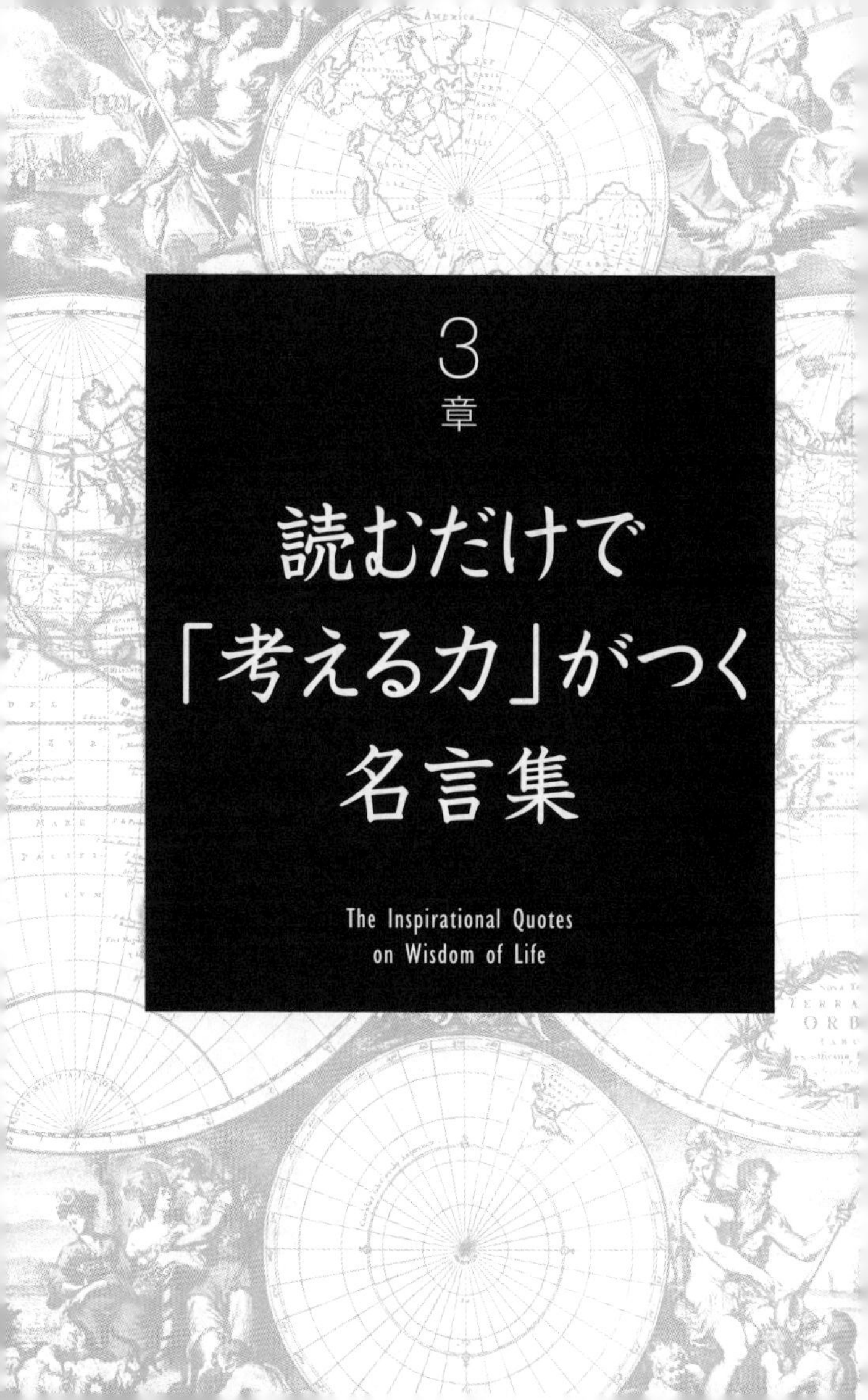

3
章

読むだけで「考える力」がつく名言集

The Inspirational Quotes on Wisdom of Life

「本当にそうだろうか？」――この一言で考えが深くなる

「ラディカルであることは、物事を根本において把握することである」
（カール・マルクス『ヘーゲル法哲学批判序説』）

◆「ロクな候補者がいないから投票しない」は、なぜ愚かな考えなのか？

「生きることがしんどい」「毎日が楽しくない」「運の悪さに情けなくなる」……などなど、この本を読んでくださっている読者のみなさんの中には、生きることへのつらさを感じ、苦しんでいる方がおられるかもしれません。

ここであえて厳しい言い方をさせていただくと、こうした苦しみを感じてしまうのは、「現実」を直視できていないからではないでしょうか。

この世のリアルな事実（ファクト）を見ないで、勝手な思い込みや、自分の周りだけで通用する社会常識などで、世の中の出来事を判断し、「こんなはずでは……」と苦しんでしまう。そういうケースが少なくないように思うのです。

こうした思い込みや社会常識などを排することができるようになると、物事はとてもスッキリと見えてくるようになります。

そもそも、物事とは単なる「事実、出来事」です。

そこにはプラスもマイナスもないのです。

つまり、それ自身はニュートラル。それぞれの個人が、その事実をどう見るかで、その人にとってプラス、あるいはマイナスの感情が起こるにすぎないのです。

では、どうすれば、こうした思い込みや社会常識を排することができるのでしょうか。そのために、僕が心がけていることは「前提を疑う」ということです。

物事を目の前にしたとき、私たちは、「これはこういうものだ」というなんらかの前提をベースに思考を組み立てたり、判断したりしがちです。でも、その「前提」そのものが間違っている場合も多々あります。

だからこそ、あえて「本当にそうなのだろうか」と前提を疑い、ゼロベースで考えるのです。つまり、原点から考えなおしてみる。

たとえば、近年、日本では総選挙における投票率の低さが問題になっています。衆議院議員の選挙を見ると、90年代前半ごろまではたいてい7割を超えていたのに、今は5割前後をウロウロしている状況です。

選挙に行かない理由としてよく耳にするのが、「ロクな候補者がいないから、バカバカしくて選挙に行く気になれない」。これは一見、正しい意見のように思えます。

しかし、ゼロベースで考えたら、これほど愚かな考えはありません。

なぜなら、この考えの前提となっているのは、「すべての候補者は政治家になろうという志を持っているのだから、立派な人であるはずだ」という勝手な思い込みで、それを少しも疑っていないわけです。

しかし、本当にそうでしょうか。僕は、これこそあり得ない幻想だと思っています。

連合王国（イギリス）の名宰相で、20世紀前半の国際政治を率いたチャーチル（1874～1965）が100年前に、「そもそも、政治家になろうなどと思う人にロクな人はいない」と喝破《かっぱ》しています。

「ロクな候補者がいない」のは当たり前のことなのです。チャーチルはこう続けます。「民主主義は最悪の政治形態である。ただし、これまでに試されたすべての政治形態を別にすれば、だが」

チャーチルは政治家でしたが、自分を含めて「選挙に出るヤツはロクでもない候補者ばかり」だと悟っていました。そして、その「ロクでもない候補者」の中から、相対的にまともな人間を選ぶのが「選挙」であり、それはかなりの忍耐を要求するので、民主主義は最悪だと彼は述べたのです。ただし、過去の皇帝政や王政、貴族政などの政治形態を除いては……と。

前提を疑うとは、こういうことです。

そもそもの前提がおかしければ、その上に組み立てられる思考もおかしなものとなります。そのおかしな思考で議論をすれば、状況はどんどんおかしなほうへ行くばかりです。だから、まず何よりも、そもそもの「前提」を疑ってみることが肝要なのです。

◆思い込みを一気に排除する法

かくいう僕も、ときどき、思い込みや社会常識に囚われてしまって、失敗したケースが多々あります。

たとえば、ロンドン駐在時代の失敗です。当時の僕は、約500億円規模のファンドをユーロ市場で運用していました。

部下の外国人スタッフが提出した資金運用の前提となる経済見通しにOKを出したあと、なんとはなしに「SGウォーバーグ（当時のロンドンのトップクラスの投資銀行）の経済見通しはどうなっているの？」と質問しました。すると、その部下が不思議そうな顔をして、「知りません。なぜ、よその企業のデータが必要なのですか？」と逆に質問されてしまいました。

彼の言い分は、「私の考えは、今、出口さんに説明して、出口さんはOKしたではないですか。よその企業の見通しを聞いて、なんの意味があるのですか？」。

このとき、僕は自分がとんでもなくアホだと悟りました。

日本で仕事をしていたときは、自社の経済見通しを役員会に報告する際、いつも野村證券や日本興業銀行（当時）、三菱銀行（当時）などの経済見通しを参考資料としてつけていました。そうした資料があると、役員たちも、そして自分も安心できたからです。

しかし、ゼロベースで考えると、たしかになんの意味もありません。自分たちの組織が納得して作成した経済見通しがあれば、それで十分。他社の経済見通しなど必要ありません。

そこに気がつかずに、僕は日本でのやり方を引きずり、何も考えずに部下にアホな質問をしてしまったのです。

この一件では、「僕は、なんと自分の頭で考える力が乏しいのだろう」と猛省しました。

長く生きていると、知らず知らずのうちに、自分の頭の中にたくさんの思い込みや社会常識が増殖していきます。そして、その枠内で「ああだ、こうだ」と考えてしまいがちです。

しかし、それが誤った現状認識につながってしまうことが多々あるのです。

そうした事態から抜け出すためにも、あるいは、避けるためにも、つねに「前提を疑う」という姿勢を持ち続けることが重要です。

そのことを忘れないために心に留めている言葉があります。

それは、マルクス（1818〜1883）の次の言葉です。

「ラディカル（＝根本的）であることは、物事を根本において把握することである」（『ヘーゲル法哲学批判序説』）

19世紀の偉大な思想家であり、革命家であったマルクスは、その人生において、この世界を変革することを目指し、行動し続けた人です。

その根っこの部分には、つねに「物事を根本において把握する」という姿勢があったように思います。彼の著作を読むにつけ、そのことを強く感じます。

マルクスは、あらゆる前提を疑い、つねにゼロベースで考えようとしていました。

その姿勢を僕も見習いたいと思うのです。

「一般的にはこう考えられているし、自分もこれまではそう考えてきた。しかし、本当にそうだろうか」と、物事の根本まで、それこそ固い岩盤にぶつかるまで掘り下げ、腹落ちするまで考え抜く。

そうした習慣を持ち続けることで、私たちは、思い込みや社会常識の束縛から自分を自由に解放することができるのだと僕は考えています。

「国語」で考えるな。「算数」で考えろ

「手に入れたデータをすべて使わないで、
その一部だけに基づいて判断をくだす裁判官があるとしたら、
我々はどんな評価をくだすだろうか」

（アルフレート・ヴェーゲナー『大陸と海洋の起源』）

◆「国語で考える」と現実が見えなくなる？

世の中のリアルな姿を教えてくれるのは「ファクト（事実）」だけではありません。もう1つ、「数字（データ）」があります。

この「数字」と「ファクト」を拠り所にして、その上に「ロジック（論理）」を積み上げていく。僕にとって、これこそが思考をする際の基本です。物事を的確に把握し、適切な解を導き出していくために、非常に有用な方法だと僕は考えています。

たとえば、増税論議。2023年度予算を見てみましょう。

日本の税収は約69兆円。うち法人税収は約15兆円です。

一方の歳出は約114兆円です。この収支のアンバランスを国債、つまり借金で穴埋めしているのが今の日本の財政事情です。この現状をなんとかしないと、日本の財政はいずれ破綻するということで、増税の必要性が指摘されているわけです。

エコノミストの中には、景気がよくなれば税収は増えるから、増税よりもまず景気をよくすることだという人がいます。しかしこれは、「数字」「ファクト」「ロジック」で考えてみると、極めて現実性の乏しい話です。

たしかに、「景気がよくなれば税収が増える」というのは、ロジックとしては正しい。では、景気がよくなった場合に、どのくらい税収が増えるのでしょうか。法人税で考えてみましょう。

日本の景気が一番よかったのはバブル景気に沸いた1989年です。この年、日経平均株価は4万円近くまで上昇。地価の値上がりも著しく、当時、東京の地価でアメリカ全土が買えるとまでいわれました。

それほどまでに日本経済に勢いがあった時代、税収がどれくらいだったかというと、約60兆円（1990年度）。消費税が3％の時代で、うち法人税収は18〜19兆円でした。バブル景気に沸いたころの法人税収でも、現在より3〜4兆円多いだけでした。

これでは、どれだけ政府が懸命になって景気回復のための施策を打ったとしても、歳出を賄うだけの税収を確保することは難しいでしょう。

つまり、景気が回復しても、現在の収支のアンバランスを解消することは難しいのです。これを解消するには、増税するか、子どもや孫の代にツケを残すかしかない。しかし、少子高齢化により人口減少が進む中で、子どもや孫の代にツケを残せば、日本は財政が破綻する確率が高まるのではないでしょうか。

なかには、114兆円の支出の中から、ムダを削ればいいという意見もあります。

これも、言葉だけを聞くと正しい主張のように感じられます。しかし、「数字」と「ファクト」で現実を見ると、そうではないことに気がつくでしょう。

その場合、何を見るかというと、114兆円の内訳です。そのうち、削ることが基本的に難しいのが、過去の借金の返済である「国債費」と、地方への補助金である「地方交付税交付金等」です。この2つを合わせると約42兆円になります。

ということは、税収69兆円の約60％が、これらの支払いに消えてしまうことになります。税収の残りは約27兆円ですが、社会保障費だけでもその約1・37倍の約37兆円もある。すでにこの段階で、支出を削ってもなんとかなるものではないことがわかります。つまり、節約するにも限度があるのです。

となると、景気回復による税収アップにも限界があるわけですから、収支のアンバランスを解消するためには収入を増やすしかない。

そこから導き出される結論は、残念ながら「増税」しかないのです。

「少し離れて見ると、全体像がよく見える」と一般にいわれていますが、2019年4月にOECDが公表した対日経済審査報告書は、消費税率を最大26％まで引き上げる必要があると指摘しています。

びっくりするようなコメントですが、冷静に数字を眺めてみると、わが国の国民負担率（租税＋社会保険料）はOECD38カ国中22位と低く、OECD諸国の消費税率の平均は約20％になっています。わが国が少子高齢化が一番進んでいることや、巨額の借金を抱えていることを考え合わせると、26％という数字はあながち荒唐無稽なものではないことがわかります。

日本の財政を健全化していくためには、税率そのものを上げて、税収を増やしていくしかほかに方法はないのです。

「増税」という言葉に、私たち生活者の多くは拒絶反応を示します。

税金をより多く納めることで、私たちが自由に使えるお金が減ってしまうのは、心地よいことではないからです。そして、「増税」という「言葉」だけで語られると、そうした感情面が表に立ってしまいがちです。そうなると、現在の日本が置かれている財政のリアルな姿が見えにくくなる。

その結果、「増税断固反対！」が大前提になり、「景気をよくすればいい」「収支のアンバランスを解消するために、ムダな出費を洗い出して、それを削っていけばいい」といった、じつは抜本的にはあまり効果の期待できない解決策が次々と出てくることになってしまいます。

もちろん、景気の回復やムダな経費の削減はとても重要です。しかし、残念ながらそのことだけではわが国財政の根本的な解決にはつながらないのです。

このことを僕はよく「国語で考える」と表現しています。

つまり、「言葉」だけで考えてしまって、現実が見えなくなる思考法です。厳しいことを言わせてもらえば、夢ばかり語っている人には「国語」で考える人が多いように思います。

現実をしっかりと捉えるためには、「国語」ではなく、「算数」で考えることが重要です。「言葉」だけで考えるのをやめ、「数字」をしっかりと見ていくこと。そこからさまざまな「ファクト」が見えてきます。そして、その「数字」と「ファクト」をきちんと「ロジック」でつないでいけば、適切な答えが自ずと導き出されるのです。

◆「算数で考える」とリスクがコストに変わる

また、「算数」で考える習慣を持つことは、行動力の強化にもつながります。

行動になかなか踏み切れないというとき、それはそこに潜むリスクを考えてしまうからです。たとえば、清水《きよみず》の舞台に立ち、「ここから飛び降りてごらん」と言われたと仮定します。

国語で考える人は、「高い所から飛び降りたら、死んでしまうかもしれない」と、なかなか飛び降りる決心がつきません。そのままグズグズと悩み続けます。

一方、算数で考える人は、すぐに清水の舞台の高さを数字に直します。「なんだ、2メートルもないじゃないか」とわかれば飛び降りる行動に出られるかもしれませんし、逆に「8メートルはあるな。これはやめておいたほうがいい」と思えば、丁重に断るという行動に出られます。

つまり、国語で考えるとリスクはいつまでもリスクのままですが、算数に直して考えると、それは「コスト」に転化しやすくなるのです。コストとなれば、あとは損得もしくは可能か不可能かだけの話。決断も行動もしやすくなります。

ちなみに、いくら「数字」と「ファクト」から「ロジック」を積み上げていくとしても、肝心の「数字」と「ファクト」が、自分に都合のいいものだけをつまみ食いしていたのなら、意味がありません。そこから導き出されるのは誤った解です。

それを戒める次の言葉があります。「大陸移動説」を唱えたことで知られる気象学者ヴェーゲナー（1880〜1930）の言葉です。

「手に入れたデータをすべて使わないで、その一部だけに基づいて判断をくだす裁判官があるとしたら、我々はどんな評価をくだすだろうか」（『大陸と海洋の起源』）

大陸移動説とは、かつて地球上の大陸はひと固まりだったのだがそれが分裂し、それぞれが移動して現在に至っているという説。

ヴェーゲナーは、ある日、世界地図を眺めていて、大西洋を挟むアフリカと南アメリカ両大陸の海岸線を足せば合致することに気づき、この考えの着想を得ます。

その後、彼は、自分の専門である気象学にとどまらず、地質学や古生物学、動物、および植物地理学、古気候学など、幅広い分野から情報を集めていきます。そして、それらを総合的に分析しながら、彼は大陸移動説への確信を深めていくのです。

そうした研究姿勢が、この言葉にしっかりと表れているのではないでしょうか。

「見えないことが見えてくる」縦横思考法

「人間は本質的に無知で、獲得という手段を通じて知識を得る」
（イブン・ハルドゥーン『歴史序説』）

◆「過去のインプットを組み合わせる」坂本龍一さんの作曲法

「どうしてこれほどすごいアイデアが出せるのだ」――。

世の中には、周りが驚くほど、発想豊かな人がいます。

豊かな発想の源はいったい何か。それは持って生まれた「才能」というよりも、その人が持つ膨大な知識の量なのではないかと僕は考えています。

つまり、インプット次第で、人は誰でもアイデアの達人になれるのです。

音楽家の坂本龍一さんが、昔、機内誌のインタビューでとても興味深いことをおっしゃっていました。

世界で活躍をした坂本さんを私たちは「音楽に非凡な才能を持っていた人」と見ますが、ご自身いわく、そのような才能は自分にはないのだ、と。あるとすれば、それは子どものころからインプットしてきた膨大な音楽の記憶。それらを引き出し、組み合わせながら音楽をつくっていただけだというのです。

坂本さんのお父様は有名な編集者・坂本一亀《さかもとかずき》さん。仕事では非常に「怖い人」として知られていたそうですが、お子さまにはやさしかったようで、息子さんがほしいと言えば、何枚でもレコードを買ってきてくれたそうです。

そのおかげで、坂本さんは子どものころから音楽にどっぷり浸かった生活ができたのだとか。つまり、ものすごい量の音楽をインプットしていった。その記憶が、その後の坂本さんの音楽の材料となっていたというわけです。

ということは、お父様が坂本さんにレコードを与えていなければ、「音楽家・坂本龍一」は生まれなかったかもしれない。

僕はこの記事を読んだとき、アイデアや発想においても、知識（情報）の蓄積こそがすべてだとあらためて再認識しました。アイデアや発想を豊かにしようと思ったら、知識をどんどんインプットしていくに限る。

そもそも、まったくのゼロから生み出されたアイデアは、人類の長い歴史を見渡してもほとんど存在しないのではないでしょうか。その前に存在したアイデアを組み合わせたり、あるいは、自分たちの時代に合わせた形に焼き直したりして、「斬新なアイデア」が生み出されていく。

知識の蓄積の中からアイデアが生み出されていくのです。

だからこそ、「知る」という行為が大切です。

何も知らなければ、人間の頭の中は空っぽです。ゼロの状態。

知識はいってみれば、材料です。材料がなければ料理ができないように、人間も知識がなければきちんとした思考はできません。思考ができなければアイデアも生まれてくるはずがないのです。

◆知識が一気に増える「時間軸と空間軸で考える」法

14世紀のイスラム社会に、イブン・ハルドゥーン（1332～1406）という歴史家がいました。

彼は、当時、北アフリカやスペインの地に存在していたいくつかのイスラム系の王朝を渡り歩き、さまざまな官職を歴任した政治家でもありました。

その彼が記した著書に『歴史序説』があります。

この本では、王朝が誕生し崩壊するまでに一定の法則があるとして、そのことが分析的に論じられています。また、経済の本質についても触れており、現在の経済学に通じるような鋭い内容です。

こうしたものが14世紀に書かれていたのですから、当時のイスラム社会や文化のレベルの高さを窺《うかが》い知ることができます。

その本の中に「人間は本質的に無知で、獲得という手段を通じて知識を得る」という一文があります。つまり、「獲得=学ぶ」という能動的な行為をしなければ、人は知識を持ち、そして増やしていくことはできないというのです。「獲得」とは、「学ぶ」と言い換えてもいいでしょう。

いくつになっても発想豊かな人間であり続けるためには、一生、学び続け、知識をインプットし続けることが不可欠なのです。

さて、ここではもう1つ、インプットの方法についても触れておきましょう。

知識をどうインプットするかは、人それぞれでいろいろな方法があると思います。源泉は人、本、旅の3つで、たくさんの人に会う、たくさん本を読む、たくさん現場へ出かけていくことに尽きるのですが、僕が心がけているのは、「縦から横から」ということ。

縦は時間軸、歴史軸です。

横は空間軸、世界軸です。

この両者を意識してインプットすると、物事の全体像を明確につかんでいけるようになります。

これを僕は「縦横思考」と名づけています。

もう少し具体的に、この思考法についてみていきましょう。

「縦」とは、「過去」から学ぶことです。昔の人はどのようなことを考え、どのような生き方をしていたのか。それを知り、そこからさまざまなことを学んでいくのです。

とはいっても、「昔の人」はすでに死んでしまっているので、直接に話を聞くことはできません。ですから、本で学ぶ。「昔の人」が書いた本、つまり「古典」を読んだり、「昔の人」について書いた本、つまり「歴史の本」を読んだりする。そうすることで、彼らの考え方や生き方などを知ることができます。

「横」というのは、「現在」という時間軸において、自分と異なる環境にいる人やモノから学ぶこと。たとえば、自分とは異なる環境に生きている人の話を聞いたり、本を読んだり、旅をしたりする、などです。

1つのテーマに対して、海外ではどう扱われているのか、日本国内でも別の地域ではどうなのか、同業他社ではどうなのか、異業種ではどうなのかと、横軸で比較してみると、さまざまな発見が得られます。

僕は毎朝、新聞を3紙読んでいます。読売、朝日、日経です。

この3紙を読むことで、横軸の学びが得られます。

まず、比較ができます。同じ出来事を扱っていても、それぞれで見出しの大きさが違ったり、表現の仕方が違ったり、記事の論調も異なったりということが多々あります。そこから、「これはいったいなぜだろう」という疑問が出てきて、考えるきっかけが得られるのです。

決められないのは、考えきっていないから

「それ銅をもって鏡となせば、もって衣冠を正すべし。古《いにしえ》をもって鏡となせば、もって興替《こうたい》（国の行く末）を知るべし。人をもって鏡となせば、もって得失を明らかにすべし。朕《ちん》つねにこの三鏡を保ち、もって己の過ちを防ぐ」

（李世民《りせいみん》）

◆「岩盤まで掘り下げて考える」習慣

人生は意思決定の連続です。

私たちは日々、なんらかの意思決定を求められ、決断をし、そこから枝分かれしながら、先に進んでいきます。その積み重ねの結果が、今自分がいる場所なのです。

一方で、なかなか意思決定ができないため、先に進めずにひとつのところに停滞してしまうケースもあります。

未来を予測することは誰にもできません。

「この決断は、本当にいい結果につながるのだろうか」と迷ってみたり、「こちらを選んで、後悔する羽目になったら嫌だな」などと不安になってみたりで、いつまでも意思決定ができずにいる人はたくさんいます。

しかし、迷っていては先に進むことができません。

もちろんなんの結果も生み出しません。

重要な意思決定には、熟慮することも大切です。

しかし、現実には、多くの場合、そのためにかけられる時間は多くありません。人生においても、ビジネスにおいても、とくに相手のあるものは、ある程度の期限を区切って意思決定することが求められるのです。

僕は、短時間でも、効果的な（あるいは、後悔のない）意思決定ができると考えています。ただしそのためには、集中して深く掘り下げて考えることが何よりも大切です。岩盤まで掘り下げて考えれば、必ずそこに自分なりに納得のいく答えが見つかるはずです。

そもそも、なかなか意思決定ができないという人は、岩盤まで掘り下げていない段階で答えを出そうとしているのです。だから、「もっと別の方法があるかも」などと迷ってしまう。ですから、意思決定を求められたときには、脳をフル回転させ、全エネルギーをその課題に集中させ、取り組むことが何よりも大切です。

そうやって目の前の課題について、岩盤まで掘り下げて考えていくのです。

◆それでも迷うなら「最後は10円玉で決めればいい」

さらに、その意思決定をより質の高いものにするための要素として、ぜひみなさんにご紹介したいのが「三鏡」です。

「それ銅をもって鏡となせば、もって衣冠を正すべし。古をもって鏡となせば、もって興替（国の行く末）を知るべし。人をもって鏡となせば、もって得失を明らかにすべし。朕つねにこの三鏡を保ち、もって己の過ちを防ぐ」

これは、唐の時代に書かれた、第2代皇帝、太宗（李世民：75ページ参照）の言行録、『貞観政要《じょうがんせいよう》』（呉兢《ごきょう》・編）に語られている有名な一章です。

唐の太宗については2章でも述べましたが、一般には中国史上最高の名君の1人と呼ばれている人物です。その彼が、意思決定で誤らないために大事にしていたのが「3つの鏡（三鏡）」です。

具体的には、「銅」と「古」と「人」という3つの鏡。

1つ目の「銅」とは、「普通の銅鏡」のことです。

なぜ、これが大切なのか。それは、そこに写し出された自分の顔や姿から、自分の心身の状態を日々チェックすることができるからです。

先述したように、意思決定には大きな集中力が必要です。そして、重要な意思決定は、いつ求められるか誰にもわかりません。つねに「I'm ready」の状態にしておく必要があります。

ですから、よい意思決定をするためには、己の健康状態をきちんと管理することが必須であると考えられます。そこで、毎日、鏡に自分の姿を映し、元気で明るく楽しく生きているかどうかを確認するのです。

2つ目は「古」、つまり「歴史」です。

将来、何が起こるかは誰にもわからない。

しかし、悲しいことにそれに備えて学ぶべき教材は歴史（過去）しかないのです。

物事の大きな流れは、過去の歴史を見ることで類推することができます。

極論すれば、人間の脳はこの1万年ほど進化していないわけですから、人間の世界に生起することは過去に起こった出来事のバリエーションにすぎないのです。

過去のさまざまな事例を学び、知識として持っていることで、意思決定に際して、その中から最適なものを選択したり、それをヒントに類推したりすることができます。

そうすると、素早く適切な意思決定が可能になる。

逆に、こうした知識がないままでは、判断するための材料が乏しく、そのために迷いや不安が払拭できず、なかなか意思決定ができなくなりがちです。

だからこそ、よい意思決定をするためには、歴史を学ぶことが大切なのです。

3つ目の「人」とは、自分の側にいて、率直に「あなたは間違っている」と直言してくれる人のことです。

人間は、自分だけの考えで突っ走ってしまえば、たいがい間違えます。思い込みばかりが強くなり、世の中のリアルが見えなくなってしまうからです。

そうした事態を避けるためにも、自分の誤りを直言してくれる友人を持ち、その人の言葉に耳を傾ける。太宗にはそのことの大切さがよくわかっていたのでしょう。

そして、それを実践した人でもあります。たとえば、2章で述べましたが、太宗は、敵である自分の兄（李建成）を殺したあと（「玄武門の変」：76ページ参照）、その家臣だった魏徴を参謀に迎えます。そして、彼の忠告をよく聞き入れ、政治に反映させたといいます。

皇帝である自分への諫言《かんげん》を積極的に受け入れる。太宗が「名君」と言われる所以《ゆえん》は、このようなところにも垣間見られるように思います。

健康管理と、歴史に学ぶ姿勢と、誤りを指摘してくれる友人の存在。

この「三鏡」は、僕自身、意思決定に際して、何よりも大事にしていることです。

その上で、先述した「数字」「ファクト」を拠り所として「ロジック」で考え抜く、（103ページ参照）、集中して岩盤まで掘り下げて考える。

すると、たいていの場合、自分なりに納得のいく「答え」が見つかるものです。

そして、そこまで考えても、まだ迷うようだったら、最後は10円玉で決めればいいというのが、僕の意思決定の方法です。

10円玉を投げて、表だったら「A案」、裏だったら「B案」とあらかじめ決めておくのです。どんな重要な意思決定であっても、岩盤まで考えてなお迷うようだったら、最後はこれで決めるべきです。

みなさんの中には、「大事な意思決定をそのようないい加減なやり方で決めていいのか」と怪訝《けげん》に思う人がいるかもしれませんね。

でも、これでいいのです。

なぜなら、悩んで悩んで答えが出ないということは、結局、答えは「どちらでもいいレベル」なのですから。どちらに転んでも大差はないのです。

それなら、それ以上悩んでも意味がありません。

10円玉の表裏で決めてしまうのです。それでうまくいかなかったら、そこからやり直せばいい。それだけのことです。

読書の質は「アウトプット」で決まる

「専門のことであろうが、専門外のことであろうが、要するに物事を自分の頭で考え、自分の言葉で自分の意見を表明できるようになるため。たったそれだけのことです。そのために勉強するのです」

（山本義隆《よしたか》）

◆自分の言葉で、自分の意見を言う力

山本義隆さんという人がいます。

大学というアカデミズムに属さない在野の科学史家として、『磁力と重力の発見』（みすず書房）などすばらしい本を何冊も出されています。長いあいだ、予備校の物理学の名物講師としても活躍された人です。

その山本さんが、とあるインタビューで「人はなんのために勉強をするのか？」と

いう問いへの答えとして述べられたのが、「自分の頭で考え、自分の言葉で自分の意見を表明できるようになるため」という言葉。

まさにその通りだと思います。この章で、「知識をインプットしなければ、考えることはできない」と述べました。ただ、なかには、インプットは一所懸命するのに、そこでストップしてしまう人をときどき見かけます。考えるという作業をほとんど行なわず、アウトプットをからきししない。

「勉強する」、あるいは「学ぶ」という人間の営為は、インプットとアウトプットがセットになっているのです。

この2つをセットでやらないと、せっかく知識をインプットしても、それはその人にとって、血肉にはなりません。下手をすれば、時間とともに忘却の彼方にいってしまうことになるでしょう。

ところで、アウトプットとは何か。

その基本は、母語(マザータング)による「言語化」です。

しかも、インプットしたままの他人の言葉ではなくて、それを自分の頭で咀嚼《そしゃく》して、自分の言葉に引き直して言語化する。その作業を経ることによってはじめて、自分の頭の中の「情報のタンスの中の引き出し」（自分の辞書）を整理することができます。整理すれば、引き出しやすくもなります。必要なときに、さっとその知識を取り出せるわけです。

逆に、言語化の作業を経ないと、情報は頭の中の「タンス」の中でグチャグチャになったままです。場合によっては、タンスの外にはみ出しているかもしれません。これは別の言葉でいえば、自分の「血肉」になっていない状態。モノになっていない。だから、適切に取り出せないばかりかすぐに忘れてしまうのです。

◆ドラッカーを読んで効果のある人、ない人

日本では、経営学者のピーター・ドラッカーが非常に人気があります。読者もファンもたくさんいます。僕の好きな学者の1人でもあります。

では、彼が暮らしていたアメリカではどうなのでしょう。

あるドラッカーの研究者の方に伺ったら、彼の書籍の出版部数を人口で割ったら、アメリカ人全体の中でドラッカーを読んでいる人の割合は、日本のそれの3分の1くらいなのだそうです。

この数字にも驚きましたが、もっと「あれ？」と思ったのは、日本ではそれだけドラッカーを読んでいる人が多いのに、アメリカほどベンチャー企業が起こらないのは、どうしてなのだろう、ということです。

現在の世界経済を牽引しているのはＧＡＦＡＭ（グーグル、アップル、フェイスブック〈現メタ〉、アマゾン、マイクロソフト）や、その予備軍と目される新興のユニコーン企業です。

日本経済新聞によると、２０２３年3月末で世界にユニコーンは１２０６匹（社）棲息《せいそく》しているそうですが、シリコンバレー（アメリカ）中心に６５４匹、北京バレー（中国）に１６９匹、インドに約70匹いるのに対して、日本はわずか6匹。これでは、名目ＧＤＰ世界3位の経済大国が泣こうというものです。日本ではベンチャーが育たない。

つまり、日本のドラッカー愛読者の割合はアメリカの3倍でも、ベンチャーが日本では大きく育っていないのです。

理由は明白でしょう。

どれだけドラッカーを読もうと、日本では「すばらしい本だ！」の段階でストップしてしまっているから。そこから得た知識やアイデアを自分に合った形に修正して、実行に移すケースがおそらく圧倒的に少ないのです。

厳しい言い方をすれば、とりあえずドラッカーを読んだものの、自分の頭で考えていないのです。

ただ読んで満足しているだけの状態は、「この店から過去に何回も5億円の宝くじが出ました」と言われて、そこでひたすら買い続けるような営為です。

言葉をそのまま鵜呑みにして、まったく自分の頭で考えていない。

これでは、一生宝くじを買い続けても、当たらないまま死んでいく確率のほうが高いと思います。

ドラッカーに限らず、インプットした知識は、あくまでも自分の人生の参考にすぎません。それを材料にして、自分の頭で考える。そこではじめて、獲得した知識が自分の血となり、肉となる。

インプットしたら即刻アウトプット（言語化）をする。

巷《ちまた》にはさまざまな勉強法が存在していますが、これこそが、確実に力がつく一番の方法なのではないでしょうか。

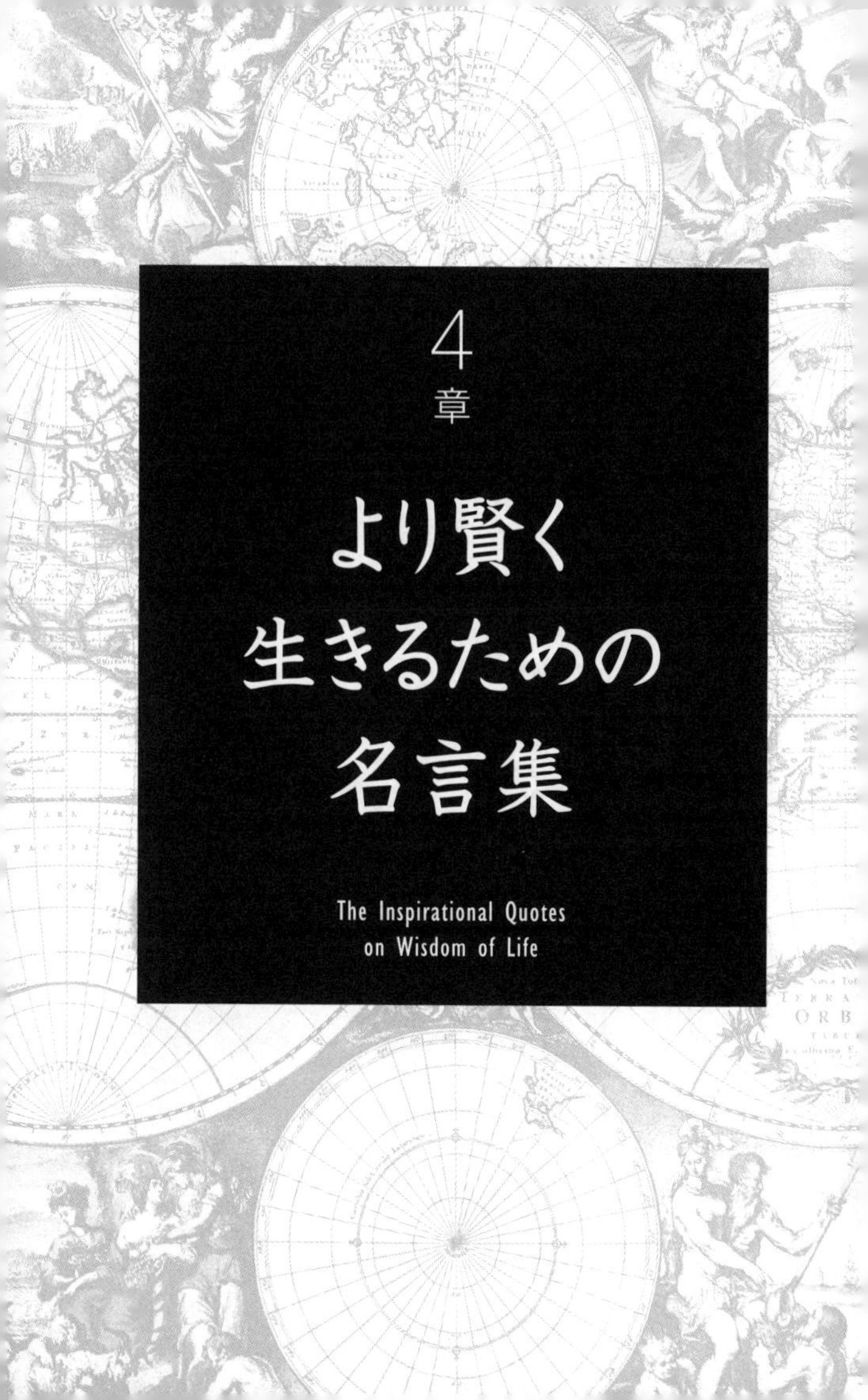

4章

より賢く生きるための名言集

The Inspirational Quotes on Wisdom of Life

人生後半、やりたいことがある人は本当に強い

「私のように、教育を受けていない、
孤児院で育った無学な女でも、
まだ1日に1つぐらい花の名前を新しく覚えることはできる」

（ココ・シャネル）

◆「これをやりたい」という強い思いがあると、人は簡単には死なない

ライフネット生命時代、僕の部屋には、ある名前がついていました。

それは「法顕《ほっけん》」。

4～5世紀にかけて中国の江南を支配した東晋という国の僧侶の名前です（法顕：337ごろ～422ごろ）。

インドで生まれた仏教の一部（大乗仏教）が中国に伝わったのは、1世紀前後のこ

といわれています。それ以降、中国各地で仏教を信仰する人が増えていくのですが、肝心な戒律そのものが当時の中国にはまだそれほど整えられていませんでした。中国に仏教を伝えた西域の僧侶たちが中国語に翻訳した経典によってしか、仏の教えを知ることができなかったからです。

そこで次第に、中国人の僧侶の中から、直に仏の教えを学びたいと、インドに向かう人が出てきます。その先駆けとなったのが、この法顕という僧侶。記録によると、彼は399年に長安（今の西安）を旅立ちます。

そのとき、なんと60歳すぎ。

現在の60代の中には非常に若々しい人もいますが、当時の栄養事情等を考えれば、この時代の60代は今の70代、80代くらいをイメージしたほうがいいと思います。

そのような高齢になっても、法顕は「自分は仏教の基本がわかっていない」と、本場のインドに勉強に向かうわけです。法顕の学ぶことに対するこうした意欲には本当に感服します。

さらに、この法顕のインドへの旅もすごいものでした。

長安を出たのち、敦煌《とんこう》を経て、タクラマカン砂漠を渡り、7000メートル級の山々が連なるカラコルム山脈を越え、インダス川を下り、グプタ朝（320ごろ～550ごろ）のインドに到着します。

この時点で、出発から6年を過ぎていたといいます。

その後、インド各地の仏教の聖地をまわったり、さまざまな経典を写経したりしながら仏教への理解を深め、数年をインドで過ごしたのち、スリランカから海路で中国に戻ります。ときは413年。なんと足かけ14年もの長旅です。

法顕は70代半ばになっていたと考えられます。

しかも、この旅は最初は、何人かのお伴を連れていたのですが、最後まで生き残ったのは高齢の法顕ただ1人。ほかの人たちは旅の途中で命を落としています。

この明暗を分けたものは何かといえば、目標があったか否かだと僕は思います。

「これを成し遂げたい」という強い思いがあると、人間はなかなか死なないものなのです。

さらに、法顕の偉業は続きます。

帰国後、人生最後の大仕事として、自らの旅を『仏国記』として記す。やりたいことがある人は本当に強い。枯れることのない、すさまじいまでの学びへの情熱です。

◆1つ学べば、人生がまた1つシンプルになる

さて、僕の部屋が「法顕」と呼ばれるようになったのは、今の話でだいたい想像がつかれたと思います。この話を若いスタッフに話したら、みんなが自然と僕の部屋を「法顕」と呼ぶようになったのです。

僕の60歳でのベンチャー生保の開業など、法顕のチャレンジに比べれば、まだまだ青二才のビジネスにすぎません。彼よりも若い自分が、ちょっとしたことでへこたれてしまったりしたら恥ずかしい。法顕という呼び名の小部屋で、僕はそんな思いを抱きながら、日々、仕事に励んでいました。

人間は一生学び続けるべきだし、また学び続けることができると思います。

ファッションデザイナーのココ・シャネル（1883〜1971）が次のような意味の言葉を残しています。

「私のように、教育を受けていない、孤児院で育った無学な女でも、まだ1日に1つぐらい花の名前を新しく覚えることはできる」

彼女はまさに一生、学び続けた人です。第二次世界大戦中とその後しばらくのあい

だの沈黙はあったものの、87歳で亡くなるまで、ファッション界の第一線で活躍。若い才能が次々と登場するファッション界でその地位を維持できたのは、学ぶことをやめなかったからにほかならないと思います。

年をとると、体も頭も、若いころのように元気いっぱいというわけにはいかないことが多々あります。行動することも、学ぶことも、考えることも、だんだん億劫になってしまいがちです。

だからこそ、あえて、シャネルのこの言葉を僕は意識して生きていきたい。

1日1つでもいいから、何かを学ぶ。学ぶことで、その1つがわかるようになる。わからないときは、何事であれグチャグチャしていて複雑です。ところが、わかることでグチャグチャしたものがほどけて、シンプルになっていきます。これが「わかる」ということ。学ぶとは、この世界をよりシンプルに見るための手段なのです。

1つ学べば、世の中がまた1つシンプルになる。

そうやって、学ぶほどに生きやすくなるし、人生は楽しくなります。

法顕のように一生涯、学ぶことへの情熱を失わず、そして、シャネルのように1日1つでも確実に学んでいく姿勢で、死ぬまで学び続けたいものです。

偉人と「会って話を聞く」

「私が人生を知ったのは、
人と接したからではなく、本と接したからだ」

（アナトール・フランス）

◆誰にも邪魔されずに「リンカーン大統領と話す法」

僕がいろいろなところでよく話しているのが、「人間には学ぶ方法が3つある」ということ。

それは、人、本、旅の3つです。

生きた人間に会って、その人の話を聞いて学ぶ。古今東西の本を読んで学ぶ。世界中のいろいろな現場を自分の足で歩いて学ぶ。

結局、この3つの方法からしか、人は学びようがないのではないでしょうか。人から学び、本から学び、旅から学ぶ。インターネットはどこへ行ったのかと問われそうですが、ユーチューブは人、ウィキペディアは本と読み替えれば合点がいきます。

ここでは、「本」という学びの方法を取り上げてみたいと思います。

僕は子どものころから本が大好きです。

今でもカバンの中にはいつも本が入っていて、乗りものに乗っているときはだいたい本を読んでいます。そうでないと落ち着かない。読書に没頭しすぎて電車を乗り過ごすこともしょっちゅうです。また、20代のころから、寝る前の1時間は必ず読書をする習慣がついています。

ライフネット生命を起業してからは忙しくて、週に4～5冊くらいしか読めませんでしたが、それ以前は、高校生のころから週に10冊前後は読んでいました。APUの学長に就任してからはさらに忙しくなりましたが、それでも週に3冊程度は読んでいます。

言ってみれば、私は活字中毒にかかっている人間なのです。

なぜこれほどまでに本が好きなのか。

何よりもその本が面白いことがすべてですが、あえて理由を探せば、大きくは、学ぶことの楽しさ。前項で述べたように、学ぶことで、1つ、また1つと物事がわかっていく。すると、複雑に見えていた世界が、その分だけ1つひとつシンプルになっていく。その喜び。その楽しさ。

そして、もう1つ、著者と「直接会って話を聞く」ことを疑似体験できること。その人が書いたものを読むことは、その人の考えを知ることです。それは、その人に「直接会って話を聞く」こととほぼ同じです。

しかも、なかなか直接会うことが叶わない有名な人とも、本を通じてであれば、簡単に会うことができます。

たとえば、海外在住の著名人と会おうと思ってもそう簡単にはいきません。アポを取ることが難しく、航空券代や宿泊費、食費なども入れたら、金銭的にも大変です。

一方、その人の書いた本であれば、今はアマゾンなどを通じて、簡単に買って読むことができます。さらに、有名な著者であれば、翻訳されている可能性もあり、読むことはさらに容易になります。

また、本を通じてであれば、すでに亡くなっている過去の人たちとも会って話を聞くことができます。

たとえば、リンカーンと会おうと思ったら、岩波文庫の『リンカーン演説集』を買って読めばいい。

しかも、金額にして800円ちょっと。これほど安い金額で、誰にも邪魔されずにリンカーンをひとり占めにして、その考えを聞くことができるのです。本はすごいと思いませんか。

◆人生をより賢く生きたければ、本と接すること

さらに、本で疑似体験できることは、著者の話を聞けることだけにとどまりません。

そこに描かれるさまざまな出来事についても疑似体験ができます。

それは、恋愛だったり、冒険だったり、ビジネスだったり、別れだったり、親子関係だったり……。

文学などはその典型です。また、歴史の本を読むと、いろいろな時代、さまざまな場所を疑似体験できます。僕の場合は、寝る前に読んだ本の内容が夢に出てくること

がしばしばあります。

たとえば、以前、ローマ帝国の五賢帝の1人で、哲人君主と評されるマルクス・アウレリウス・アントニヌス（121～180）の『自省録』を読んだ晩、夢の中で僕は、ローマ軍の兵士の1人としてドナウ川のほとりで戦っていました。

そういう体験を何度もしていると、直接の体験と疑似体験の境目もじつはあいまいなものではないのか……という気さえしてきます。

19世紀末から20世紀にかけてフランスで活躍した作家に、アナトール・フランス（1844～1924）がいます。今でこそあまり知られていませんが、当時は絶賛され、1921年にはノーベル文学賞も受賞しています。若き日のプルーストも彼を熱烈に支持していたそうです。その彼がこんな言葉を残しています。

「私が人生を知ったのは、人と接したからではなく、本と接したからだ」

とてもいい言葉です。

僕はけっして直接体験（人に会う、旅に出る、など）を軽んじているわけではありませんが（むしろ、直接体験を積極的に勧めるほうですが……）、それでも、本を通じての疑似体験は直接体験に劣らぬ学びの機会であり、価値のあるものだと考えています。ちなみに僕という人間は、50%が本、25%が人、25%が旅からできていると思っています。

ここで、僕が実践している「いい本に簡単に出合える方法」について述べておきましょう。同じ疑似体験をするなら、いい疑似体験のほうがいいに決まっています。つまらない人に会うより、すばらしい人に出会ったほうが、はるかに多くのことを学べるのと同じです。

新刊書の場合、いい本に出合えるもっとも簡単な方法だと僕が考えているのは、新聞の「書評欄」をチェックすることです。読売、朝日、日経の大手3紙の週末版に掲載される書評欄に目を通し、そこから興味のあるものを選んでいくと、まず「はずれ」はありません。

そこで書評を書いているのはたとえば、大学の有名な先生方です。しかも署名入り。そこで「このようなくだらない本に、つまらない書評を書いている」などと思われたら、彼らとて恥ずかしい。しかも、新聞の書評欄を読む人は、だいたいが本好き。本については一家言《いっかげん》ある人たちばかりです。手を抜こうものならすぐに見破られ、「この人は、しょせんこの程度の人」と思われてしまいかねません。

だから、仕組みとして、「必死に選び、必死に書く」インセンティブが自然と生まれます。選者たちもプロの知識人として、「プロのこの鋭い分析力を見よ！」と勝負をかけてくる。ですから、基本的に「はずれ」がないのです。

だから僕は、新聞の中では、書評欄がもっともレベルが高く、もっとも信頼できるページだと思っています。

さらに言えば、日本の新聞は、多かれ少なかれ「新聞社は不偏不党であるべきだ」という、およそ世界にはあり得ない信条を持っているため、書評で紹介される本も、右から左まで……バランスよく選ばれています。

また分野も広範囲に及びます。

ですから、そこで紹介されている本を読んでいると、基本的に偏ることがありません。こうしたバランスのよさも、僕が新聞の書評欄を活用している大きな理由です。

店頭で本を選ぶ場合は、立ち読みに限ります。僕は本文の最初の5～10ページを読んで買うかどうかを決めています。本を書く人は多くの人に読んでほしいと思っているので、最初の部分に力を入れるはず。そこが面白くない本は、自分には合わない本だと割り切って見切っています。

ゼロから勉強しない。巨人の肩を借りる

「巨人の肩に乗っているから、遠くを見ることができる」

（ベルナール・ド・シャルトル）

◆「何百年もかけて読み継がれてきた古典」の味わい方

前項で、出口流の「いい本に簡単に出合える方法」を述べましたが、「いい本」としてけっして忘れてはならないのが、「古典」です。

「新刊書を読むよりも、まず古典を優先しましょう」といつも話しています。

読書をするなら、まず古典を読むことをお勧めしたい。

なぜなら、古典は、何百年、何千年と、長い時間をかけて、しかも世界中で読み継

がれてきたものだから。つまり、時間という縦軸、世界という横軸が幾重にも交差した巨大なマーケットで評価され続けてきたロングセラーが古典なのです。

多くの人が「これは捨てるには惜しい」と残してきてくれたものですから、「いいもの」に決まっています。そこに述べられていることは、人生の本質をついている。読めば読むほどに、今を生きる私たちにとって底知れぬ栄養源となってくれます。

「巨人の肩に乗っているから、遠くを見ることができる」という言葉があります。12世紀、フランスのシャルトル大聖堂の付属学校で活躍したシャルトル学派（プラトン哲学などを研究した学派）の中心人物、ベルナール（?～1127ごろ）が述べた言葉だとされています。ベルナールは古代ギリシアの哲学者、プラトンの思想を研究、発展させたことで知られています。

その彼が、古典やその著者たちを「巨人」にたとえ、今を生きる自分たちは、その巨人の肩に乗ることで、巨人たちよりもより多くのもの、より遠くのものを見ることができるのだと述べたのが、この言葉です。

ゼロからすべてを自分で考えることは、とてつもなく大変なことだし、そもそも不可能です。ところが、ありがたいことに、私たちには先人が残してくれた知見が膨大に残っています。

その力を借りれば、より広くより深くこの世界を見ることができるのです。

アインシュタインは、ニュートンの肩の上に乗って相対性理論を発見したのです。

◆「古典」を読むと「現代」がもっとよくわかる！

僕が若いころに、古典に夢中になったのも、まさにこの「巨人の肩」体験から得られる快楽ゆえのことでした。

僕は小さいころから本の虫だったのですが、読んでいたのは、文学や歴史、自然科学が中心でした。大学に入った当時（60年代）は学生運動がさかんでしたから、都会の若者の中には、早熟で、高校生くらいからマルクスやレーニン、トロツキーなどを読んでいる人もいました。

ところが、僕が生まれ育った田舎の町には、そうした類の本はあまり見かけなかった。図書館などには置いてあったのかもしれませんが、当時の僕は気づきませんでした。ですから、高校を卒業するまでの僕は、その類の本とはまったく無縁だったのです。

状況がガラリと変わったのが、18歳で大学に入ってからです。

周りには大阪や東京からやって来た学生が何人もいて、彼らの中には高校時代から学生運動をやっていた人もいました。彼らは頻繁に「マルクス」だの、「トロツキー」だのと議論しているのですが、僕には一向に理解できない。はては、「えっ、お前、マルクスを読んだことがないのか！　アホやな」とからかわれる始末。

もともと短気な性質なので、そういわれるとやはりカチンときます。「ならば、読んでやろうじゃないか！」と、まず、みんなの会話によく出てくるマルクスから読んでみることにしました。大学1回生のときです。

読み出すとこれが面白い。で、「ヘーゲルという人は、どんなことを考えていたのだろう」と、今度はヘーゲルに挑戦します。読んでいくうちに「カントを知らないと、ヘーゲルを理解はできないな」と気づき、カントを読みはじめる。

……そのように遡《さかのぼ》っていったら、結局、アリストテレス、プラトンまでたどり着いてしまいました。ベルナール風にいえば、「巨人の肩」に乗って西洋哲学の流れを逆にたどらせてもらったわけです。そのときに学んだことは、ほぼすべてを『哲学と宗教全史』（ダイヤモンド社）に書き込みました。

こうした体験を重ねるとあらためて、現在の私たちの「知識」というものが、過去の巨人たちの偉業の積み重ねの上に成り立っていると実感します。

ここで、古典について、みなさんからよく尋ねられる質問にお答えしておきましょう。「お勧めの古典はなんですか？」という質問です。

僕の答えは明快です。

「古典だったらなんでも好きなものを読んでください」

「古典といわれても、何が古典かわかりません」といわれたら、基準は、岩波文庫です。一生をかけてそれをすべて読破してもいいでしょう。それともう1つお勧めしているのが、東洋文庫。これはアジア全域の古典作品の最高の日本語訳が並んでいます。

こうした本を読みながら、ぜひとも著者との対話や、古今東西のさまざまな出来事の疑似体験を楽しんでください。

思考力を鍛える「1行の読み方」

「良書の要約というものはすべて愚劣なものだ」

（ミシェル・ド・モンテーニュ『エセー』）

◆速読は、著者に対して失礼

若い人たちのあいだでは、文章を読み飛ばす「速読」や「要約サイト」が流行《はや》っているそうです。

しかし、僕は「速読反対派」です。

そうした読み方は、極論すれば、あり得ないと考えています。

僕は本を読むという営為は、基本的に、その著者と直接会って話を聞くことだと考えています。ということは、「速読をする」という営為は、目の前の相手に、「丁寧に長々と話していただかなくて結構です。要点だけ、かいつまんで述べてください」と話すようなものです。

一所懸命話している最中に、相手にそう言われたら、あなたはどう感じますか？いい気持ちはしませんね。怒りさえ感じるかもしれません。

自分がされて嫌なことは、相手にもしないほうがいい。これは、本の著者に対するときも同じです。「速読」という読書態度は、自分にさまざまな学びの機会を与えてくれる著者に対してまったくもって失礼ではないでしょうか。

あるいは、「速読」を「旅」にたとえるならば、「観光バスでめぐる名所ツアー」のようなもの。

こうしたツアーでは、バスが次々と名所に運んでいってくれます。そして、それぞれの名所で20分、30分程度、見学をして、記念撮影。すぐさまバスに乗り込み、次の名所へ向かう、のくり返し。

こうしたツアーに参加すれば、とりあえずどこそこに「行った」という記憶は残るかもしれません。でも、見学できる時間はごくわずかです。その中で、景色や建物、空気、人などから、何かを感じたり、考えたり、学んだりという経験はほとんど得られないように思います。

速読もこれと同じです。「読んだ」という記憶は得られても、そこから何ひとつ学べていないのではないでしょうか。本というすばらしい知の宝庫を目の前にして、これはとてももったいないことだと思います。

◆「本から教えてもらう」という姿勢で読む

木田元《きだげん》(1928~2014。中央大学名誉教授)という、フッサールやハイデガーの研究で知られる著名な学者は、85歳で亡くなるまで、ずっと若い人たちと「原書講読」を続けていました。

そこでは、原書の1行1行を読みくだきながら、「なぜ、著者はこのように考えたのだろう」ということを参加者たちと議論するという方法論をとっておられたそうです。20歳くらいのときからはじめられたといいます。

木田先生は「古典を一行一句丁寧に読み込んで、その人の思考のプロセスを追体験することによってしか、人間の思考力は鍛えることができない」と常々おっしゃっていました。

この考え方は圧倒的に正しいと思います。

丁寧に読むことは、まさに思考力を鍛える訓練になるのです。

古典と呼ばれる古今東西の名著はすべて、社会科学系であれ、自然科学系であれ、その書き手が丁寧にロジックを積み上げながら書かれたものです。

もちろん、そこには人それぞれの思考の癖がありますから、「私は、こう考えて、こう考えて、こう考えるから、こういう結論になるのだ」と明確には書かれていないかもしれません。

だからこそ、丁寧に読み込み、その人の思考のパターンをなぞっていくことが大切なのです。そのようにして、その書き手の考え方の道筋がわかってくると、おのずと自分の思考力も鍛えられていくのです。

こうした読み方は、木田先生のような研究者でなくても、とても重要だと思います。

とくに、名著と呼ばれる書物は、すべてそうした読み方をしたほうがいいと僕は考えています。速読などとんでもありません。

僕自身の読書スタイルも、まさにこれ。

著者から教えてもらうという姿勢で、一行一句丁寧に読み込んでいく。わからないところがあったら、もう一度数ページ戻って、くり返し読んでみる。そうやって自分の中でしっかり腹落ちするまで読み込むことを、僕はとても大切にしています。

16世紀のフランスの思想家にミシェル・ド・モンテーニュ（1533～1592）という人がいます。

彼は領主の家に生まれ、法律を学び、ボルドーの市長にまでなった人ですが、38歳で引退。その後は領地に戻って、読書や思索にふけったり、旅をしたりという生活を60歳近くで亡くなるまで続けていました。

読書好きのモンテーニュももちろん、「アンチ速読派」だったと僕はにらんでいます（当時、「速読」という発想があったかどうかは別として……）。なぜなら、彼が日々の思いを綴った僕の大好きな名著中の名著『エセー』の中に、「良書の要約というものはすべて愚劣なものだ」という名言を残していますから。

人は「旅から学ぶ」

「青年時代の残りを旅に使う。世間という大きな書物から学ぶ」

（ルネ・デカルト『方法序説』）

◆かつてのヨーロッパでは旅は必修科目

ここからは、「旅から学ぶ」について述べていきたいと思います。

僕は旅が大好きで、日本生命の時代から、だいたい夏冬それぞれ2週間くらい休暇をとり、家族や友人と、あるいは1人で旅をすることを続けてきました。ロンドンで3年間単身赴任をしていたときにも旅を重ねたので、おそらくこれまでに80カ国以上、1200都市以上の街を自分の足で歩いていると思います。

僕は大学を卒業後、典型的な日本の大企業に34年間勤めたのですが、「大企業勤めの影響をあまり受けていませんね」といわれることがよくあります。おそらく、「大企業出身の人らしくない」のでしょう。僕は勝手に「『柔軟な対応ができる人』といってくれているのだろう」と受け止めています。手前味噌ですが……。

もし僕が「柔軟」なのだとしたら、その理由は、勤務先以外の場所でのインプットが多かったからだと思います。前にも述べたように、本から学び、人から学び、旅から学ぶ。僕を分解したら本50％、人25％、旅25％ぐらいの配分になるでしょうか。

ともあれ旅からは、本当にたくさんのことを学ぶことができました。

世界がじつに広いことを知り、視野もグッと広がります。

そうしたことが、新しい発想を生み出したり、思考を深めたり、人間としての幅を広げたりにつながっていくのだと思います。人間はやはり、ひとつの場所にいたら、なかなか学ぶことはできないものです。ホモ・モビリタス（動く人）という言葉があるように、旅をすることは人間の本性の1つではないでしょうか。

一般に、歴史に残る名著や名画、名曲などを残している人には、旅好きが多い。

時代の影響もあるのでしょうが、しょっちゅうあちらこちらに旅しています。そして、旅を賞賛する言葉を残しています。

フランスの大哲学者、デカルト（1596～1650）もそうです。

彼は、「われ思う、ゆえにわれあり」という名言を残した人です。すべてのことを疑った上で、最終的に疑い得ないものは、疑っている「自分」という存在である。彼の思想によって、人々は、「わたし」という個人を自覚するようになっていきます。神から離れて、近代の哲学がはじまったのです。

デカルトは大変な秀才で、20歳くらいのとき、大学で学んでいることに満足できなくなります。そして、「学校で学ぶべきことはすべて学んで、本もすべて読んでしまったから、これからは、世界を旅して、『世間』という大きな書物から学ぶことにします」と宣言して大学を去り、旅に出ます。

こうした旅からの学びが、彼の思想をさらに研ぎ澄ましていったのでしょう。

デカルトのみならず、18世紀以降のヨーロッパでは、当時の最先進国であった連合王国（イギリス）の富裕層の子弟を中心に、大学を卒業したのち、数カ月から数年をかけてヨーロッパ各地を旅するという「グランドツアー」が流行したといいます。

とくに多くの人たちが訪れたのが、イタリアやフランスです。古代ローマという、自分たちの根っこの部分をしっかり押さえて、そこから大いに学ぼうというわけです。

こうしたグランドツアーが、その後のヨーロッパの知性や芸術をさらに豊かなものにしていったことに疑いの余地はありません。

◆人生において仕事の占める割合は、しょせん3割

みなさんは最近、旅をしていますか？

「仕事が忙しくてそれどころではない」と言う人もいますが、それでは余りにももったいない。あとで詳しく述べますが、人生において仕事の占める時間の割合はしょせん3割程度です。そうであれば7割を占めるライフ（食べて寝て子どもを育てて遊んで旅して）のほうがはるかに重要なのです。

上司に交渉するなり、時間をやりくりするなどして、ぜひ旅に出ることをお勧めします。僕の場合、2週間の休暇を上司に許可してもらうために使わせてもらったのが、ヘンリー・キッシンジャー（1923〜。ニクソン、フォード両大統領の政権で国務長官を務めた人物）から聞いた「世界の人間を理解するためには、地理と歴史を学ん

で、自分の足でその土地を歩いてみるしかない」という言葉。

「キッシンジャーさんが、こう話されていましたので」と上司を説得したわけです。これには上司もさすがに反論できずに、「そうか、それなら仕方がないな」とOKしてもらえました。本気で「行きたい」という思いがあれば、なんとかなるものです。

ちなみに僕の旅のスタイルは、だいたいが自由気まま。

日本で安い往復の航空券と、ユーレイルパスなど現地での鉄道乗り放題のチケットだけを買っておく。あとは、現地で、気の向くままに行きたいところへ行く。

もちろん、せっかくの機会ですから、2つ、3つは「これだけは見ておこう」という目的地は決めておきます。あとは、鉄道に乗って、ワインをちびりちびり飲みながら、「この町は、面白そうだな」と思ったら、そこで降りてブラブラする。ホテルも降りた駅で探します。家族と旅行するときも、だいたい同じです。

目的をガッチリ決めてそれだけを見て満足、という旅の形が放浪癖のある僕はどうも苦手なのです。目的地を見るだけではなく、旅の全行程を楽しみたい。旅のすべてを通して大いに学びたい。だからこそ、これからも時間の許す限り、気のおもむくままの旅を続けていこうと思っています。

ひとつ上の「旅の愉しみ方」

「真の発見の旅とは、新しい風景を求めることでなく、
新しいものの見方を得ることだ」

（マルセル・プルースト『失われた時を求めて』）

◆日本の常識は世界の非常識——複眼的にものが見える瞬間

旅に出ると、新しい気づきの連続です。

たとえば、海外では列車の遅れなど日常茶飯事です。しかも、半端でない遅れ方をすることも少なくない。

そのようなとき、旅行者の僕はイライラしたり、不安になったりしているのに対して、周りにいる地元の人たちは、たいして気にしている様子もない……。

海外旅行にまだ行き慣れていなかったころ、そうした光景を見ると不思議な気分になったものです。

「どうして、みんな、慌てないのだろう」

彼らにとっては、あたかも「列車は遅れるもの。当たり前の日常の出来事」という感じに見えました。

そうした経験を重ねると、ふと「そもそも日本の鉄道は、なぜあれほど時間に正確に運行できるのだろう」という問いが出てくることもあるでしょう。そこからいろいろと思考をめぐらしていく。

あるいは、インドという国を自分の足で旅していると、すさまじい貧困の現実を次々と目の当たりにします。裸足で駆け回り、物乞いをする子どもたちが街にあふれていたり、体の不自由なわが子を見世物にしてお金を稼ぐ親がいたり……。

そうした光景に遭遇することで、「ああ、こういう世界もあるのだ」とあらためて気づかされたりもします。

このようにして新しい世界の存在を知ることで、より物事を複眼的に、あるいは深く見ることができるようになっていきます。

◆いい旅は、必ず「その人の人生観」を変える

僕自身、できるだけたくさんの新しいものの見方を獲得するために、旅で大切にしている信条の1つが「なんでも見てやろう」の精神です。

これは、作家の小田実《おだまこと》さん（1932～2007）が書かれた世界紀行の本のタイトルです。1961年に出版され、この本に触発され、世界を目指した若い人がたくさんいました。僕の場合は、いまだに、自分の旅で、この小田実さんの精神を真似させてもらっているわけです。ちなみに、小田実さんの最後の旅を記した『トラブゾンの猫』（岩波書店）もとてもいい本です。

たとえば、「なんでも見てやろう」の精神でよくやるのが、宿泊施設のランクをいろいろ楽しむこと。旅の最初に、高級ホテルに泊まってみる。その後は、駅前の1泊5000円程度の安宿《やすやど》に泊まったりしてみる。

高級ホテルから、若者御用達の安い宿まで……。

こうした落差を経験すると、さまざまなことに気づきます。サービスも違うし、客層も違う。もちろん、施設もアメニティーも違う。そうした、いってみればこの世の

天と地の両方を見ておくことで、いろいろなことに気づけるのです。同じレベルのところばかりを利用していたら、こうした気づきはなかなか生まれません。

最初に高級ホテルに泊まる理由は、もう1つあります。

こうしたホテルは、石鹸やシャンプーなどのアメニティーが充実している。それをもらっておくと、その後、安宿に泊まった際に、とても重宝するのです。少しせこいといえばせこいのですが……。

移動手段も「なんでも見てやろう」。

飛行機や鉄道を中心に、船、レンタカー、タクシー、バス、徒歩など、いろいろ組み合わせて、各地を回ります。

食べものも「なんでも見てやろう」です。

レストランで食べるときは、原則として前菜もメインもデザートもワインも「地元のものをください」とオーダーします。ヨーロッパを旅しているときに、仕上げのコーヒーまで「地元のもので」と言ってしまい、笑われたこともあります。「ここはヨーロッパだ。コーヒーには、『地元のもの』はないよ」と。

20世紀のフランスを代表する作家、プルースト（1871～1922）は、その半生をかけて書き上げたとてつもなく長い小説（でも、とても面白いのです）『失われた時を求めて』の中で、次の言葉を記しています。

「真の発見の旅とは、新しい風景を求めることでなく、新しいものの見方を得ることだ」

プルーストが語るように、旅は新しいものの見方を得るための、絶好の機会です。旅を通して、さまざまな座標軸を得ることができる。そうやって自分自身が変化していくことが面白くて、過去の偉人たちはこぞって旅に出たのかもしれません。

プルースト自身も、若いころに訪れたヴェネツィアには大いに魅了されたようで、その体験が『失われた時を求めて』の執筆に際しても、大きく影響しているようです。

旅を通して、自分の中に新しいものの見方が加わっていく。

それが楽しくて、僕はまた次の旅に出るのです。

迷ったら、やってみる

「一期一会」
（井伊直弼『茶湯《ちゃのゆ》一会集《いちえしゅう》』）

◆人生から後悔をなくす考え方

「迷ったら行く。迷ったら買う」――。

海外を旅しているとき、僕は、これを行動の基本にしています。

これは、過去に海外で何度か少し悔しい思いをした経験から得た教訓です。その1つをお話ししましょう。

ロンドンに駐在していたときのことです。スペインで仕事を終え、ロンドンに戻ろうとしたら、イベリア航空のストライキで飛行機が飛ばないという事態に遭遇しました。翌日の午前中、ロンドンで大事な仕事があるので、朝一番にはロンドンに戻らなければなりません。

そのとき、僕がいたのは、スペインの北の街ビルバオ。そこから国境を越えてフランスに入り、新幹線（TGV）でパリまで行けば、ロンドン行きの飛行機はたくさん飛んでいます。パリから朝の一番早い便でロンドンに戻れば、仕事には悠々間に合う。

そこで、急いでタクシーをつかまえ、フランスとの国境まで行ってもらうことにしました。多少逸《はや》る気持ちで車窓から外の風景を見ていると、「ゲルニカ（GUERNICA）」と書かれた標識が目に入りました。

そうです。

画家ピカソ（1881～1973）の有名な作品「ゲルニカ」で描かれている町まで数キロという場所を僕は走っていたのです。

スペイン内戦の折、フランコ将軍を支持するナチス・ドイツがゲルニカの町を空爆します。町は破壊しつくされ、焦土と化しました（1937年）。そのことをパリで知ったピカソが、戦争への怒りを込めて、「ゲルニカ」を描いたといわれています。

「ゲルニカ」という表示を見たとき、僕の心の中に、「ここに寄って行きたい」という気持ちが一瞬生じたのです。しかし、明日の朝には絶対にロンドンに戻っていなければなりません。それに、ロンドン駐在は当分続きます。

「機会をつくって、またここに来ればいい」

そう思い、僕は通り過ぎることにしました。

そして、国境を越え、新幹線に乗り換え、夜の10時にパリに到着。ホテルで1泊して、翌朝6時の飛行機でロンドンへ戻り、仕事には十分余裕をもって間に合いました。

ところが、その後、ロンドン駐在中、僕は一度もゲルニカには行けませんでした。

もちろん、いまだに行けていません。

あとから考えれば、あのとき、少し立ち寄っても、パリ到着が1~2時間遅れる程度。パリに夜中に着いたとしても、朝の飛行機には間に合ったわけです。

「だったら、行けばよかったかな」――、そういう悔いが少し残りました(僕の嫌いな「タラ・レバ」ですが……)。

こうしたちょっとした後悔をいくつかくり返して、僕が心に決めたのは、「海外では、迷ったら行く。迷ったら買う」。なぜなら海外の場合は、とくに一期一会のケースが多いからです。

◆こんなときは「迷ったら、やらない」

「一期一会」という言葉は、茶道の茶会に由来するものです。

この言葉自体は、幕末の名大老、井伊直弼（１８１５～１８６０。反対勢力を大局観から弾圧した安政の大獄で恨みを買い、桜田門外で暗殺された）が書いた『茶湯一会集』に出てくる言葉です。

ただ、これには元になる言葉があって、それは千利休の高弟、山上宗二《やまのうえそうじ》（１５４４～１５９０）が述べた「一期一度」にあるとされています。

意味は、今、目の前にいるお客様をお迎えしているこの茶会は、一生に一度のことと心得て、心を尽くし、真剣な思いで相手に対すべきであると。

海外旅行も、いや、人生そのものも同じだと僕は考えます。

「時間はいくらでもあるのだから、次の機会でいい」とついつい思ってしまいがちですが、実際は、そうした機会を再び持つことは難しい。その景色も、その品物も、今を逃すと、じつは二度と会えない可能性のほうが大きいのです。

だから、一生に一度の機会と思って、ちょっとでも心が動いたら行ってみる。ちょっとでも心が動いたら買ってみる。もちろん、買うといっても、宝石など、ものすごく高いものは別ですが……。

「迷ったら行く。迷ったら買う」は、仲間たちと一緒に海外旅行に行ったときにも、よく話していました。とくに、「迷ったら買う」は奥様方にはとても好評です。「どうせ帰国したら捨てるんだから、やめなさい」というご主人に、奥様は「でも、出口さんは、迷ったら買うといっているし。せっかくだから買いましょうよ」で対抗します。ご主人たちからは、「余計なことをいって……」と思われているかもしれませんが。

ただし、僕は日常生活では、「迷ったら行かない、迷ったら買わない」派です。迷うくらいなら、行かないほうがいいし、買わないほうがいい。とくに買いものでは、いつでも買えるわけですから。そういうスタンスで、とりあえず、旅先と日常とでは、メリハリをつけています。

ちなみに、先述の山上宗二の「一期一度」の言葉が出てくるのは、彼が師匠である利休の教えをつづった『山上宗二記《やまのうえのそうじき》』という本です。つまり、「一期一会」は、千利休の考え方でもあったわけです。

山上宗二も、師匠の千利休と同じく、茶の湯における己の道を貫いたがゆえに、時の天下人、豊臣秀吉の怒りを買い、処刑されてしまいます。

それはさておき、「一期一会」という言葉は、海外旅行に限らず僕のすべての行動の指針となっています。頂いたメールやＤＭになるべく返事をするようにしているのも、講演会のあと、飲み会に誘われたら都合のつく限り参加するようにしていたのも、それこそ心の底から「一期一会」だと思っているからです。

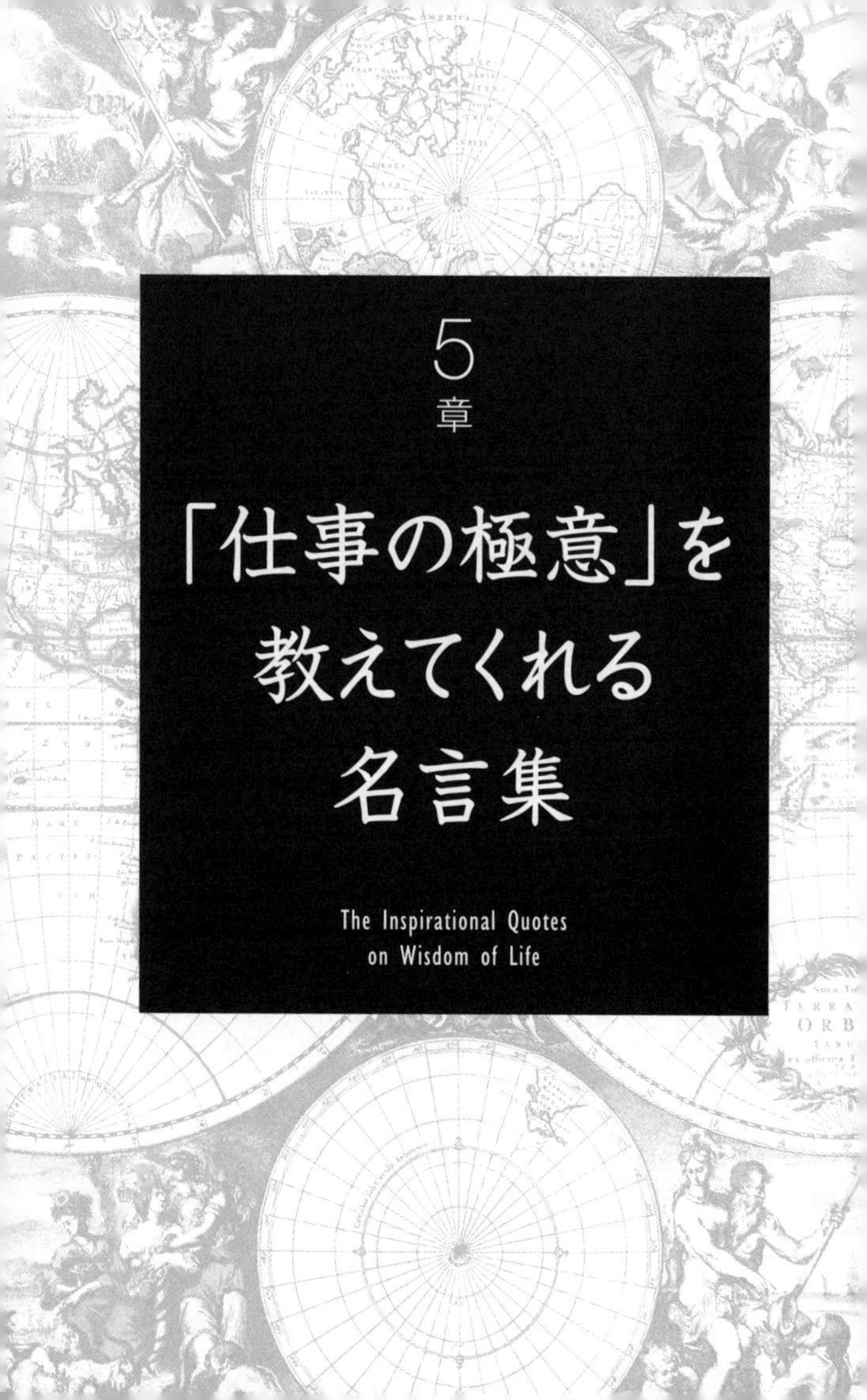

5
章

「仕事の極意」を教えてくれる名言集

The Inspirational Quotes
on Wisdom of Life

仕事は人生を楽しめてこそ、がんばれる

「酒を飲め、それこそ永遠の生命だ、また青春の唯一の効果《しるし》だ。
花と酒、君も浮かれる春の季節に、楽しめ一瞬《ひととき》を、
それこそ真の人生だ」

（ウマル・ハイヤーム『ルバイヤート』）

◆人生は7割が充実すれば、それで十分

「仕事こそが人生にとって最大の重要事だ」

世の中にはそう主張する人がいますが、僕はそうは思いません。

仕事が人生に占めるウエイトはじつはそれほどたいしたことはないからです。

時間で測ってみれば明らかです。30代前半のころ、一度計算をしたことがあるのですが、1年8760時間のうち、仕事をしている時間はせいぜい2000時間程度。

全体の約2～3割にすぎません。

残りの7割は食べて寝て遊んで子育てをしているのです。

仕事はその程度のものなのです。

ところが、そのたかが3割にすぎない仕事がいつの間にか「人生の幸せ」を測る「モノサシ」となってしまい、その結果、人生を楽しめずにいる人が少なくないように思われます。上司の顔色を窺《うかが》うばかりの生活に疲れ、思うようなポストにつけないと嘆き、同年代より収入が少ないと自信喪失に陥り……。

これは、とてももったいないことだと思います。仕事は3割ですから、人生全体から見れば、その人の人生すべてを支配するものではけっしてない。

人生を楽しくするのはパートナーであり、家族であり、気の置けない友人たちなのです。普通にご飯が食べられ、暖かい寝ぐらがあり、子どもを産み育てることができ、なんでも話せるパートナーや友人がいれば、人生はそれで十分楽しいのです。

その事実がしっかりと腹落ちできれば、3割の仕事に振り回されたり、悩まされたりすることがどれほどアホらしいことかが誰にでもわかるはずです。

とはいっても、僕は、「仕事は真剣にやらなくていい」と思っているわけではありません。

むしろ逆。

人間は、1人では生きてはいけない動物です。人が集まり「社会」という共同体をつくり、人間は社会に守られて生きているのです。

社会には、それがきちんと機能するための「ルール」が存在します。社会で生きる私たちは、そのルールを守り、その中で自分の「やるべきこと」にベストを尽くす。

それが、私たちが社会で生きていく上で、最低限、求められることです。

もし、ルールに縛られず、100%自由に生きたいというのであれば、無人島で1人で暮らすしかありません。

そこでは、守ってくれる人は誰もいません。自分の身は自分で守っていかなければなりません。「完全な自由」とはそういうものです。

職場も1つの「社会」です。

職場に属する以上、その人には上司から指示された「やるべきこと」があります。それがその職場で生きていく上での最低限のルールです。「自分はこの仕事が嫌いだからやりません」では通用しません。ならば、その職場を去るしかないでしょう。

特定の職場に属さずフリーランスで仕事をしていても、これは同じです。なぜなら、仕事をする以上、必ず相手がいるわけで、それも1つの「社会」だからです。そこには、自分の「やるべきこと」が必ず存在するはずです。

ただ、それをしっかり果たせば、「仕事」についてはお役ごめんです。やることさえきちんとやっていれば、仕事は、本当に「どうでもいいもの」なのです。

そして、もっと踏み込んでいえば、「どうでもいいもの」だと思うからこそ、思い切って仕事ができるのではないでしょうか。なぜなら、上司になんと思われようと、たとえ失敗しようが、左遷されようが、しょせんは「どうでもいいもの」なのですから。自分の「やるべきこと」を、自分の信念に従い自分が納得できるまで真剣に取り組んでいけばそれでいいのです。

それが僕の仕事に対する基本的なスタンスです。

「どうでもいいもの」だからこそ、上司の顔色を窺う必要もなく「どうでもいいもの」だからこそ、上司の意見に100%とらわれる必要もなく、思い切って自分が正しいと思う方法で全力で仕事に打ち込めるのです。

◆つねに「最短の方法」を考える――人生を楽しむ極意

セルジューク朝の有名な政治家で学者兼詩人にウマル・ハイヤーム（1048～1131）という人がいます。

彼が残した四行詩（ルバーイイ）は『ルバイヤート』という作品集にまとめられていますが、そのほとんどが酒をたたえるもの。この人は、「酒こそが人生である」とひたすら謳《うた》っているのです。

そう聞くと、「どれほど飲み助のおじさんなんだろう」と思う人もいるでしょう。ところがこの人は、単なる飲み助ではない。なんと、数学や天文学などで後世に残る偉業を成し遂げた大政治家で大学者なのです。

たとえば、数学に三次元方程式があります。その解法を考案したのはこの人です。天文学では、現在私たちが用いているグレゴリオ暦よりも正確だったといわれる「ジャラーリー暦」をつくっています。セルジューク朝のスルタン、マリク・シャーによって天文台を取り仕切る研究者の1人にも任命されています。

つまり、君主に仕えるバリバリの高級公務員。かなり堅い仕事をしていた人物だったのです。

その人が「仕事など人生にとってはどうでもいいことだ。それよりも酒だ！」と謳っている。もちろん、『ルバイヤート』の作品そのものもとても面白いのですが、その作者がどんな人かがわかると、さらに味わいが深くなります。

人生があってこその仕事。

人生を楽しめてこそ、仕事もがんばれる。

仕事ばかりでは、人生も仕事もどんどんつまらなくなっていきます。

ウマル・ハイヤームの『ルバイヤート』を読み返すたびに、人生を楽しめてこそ仕事もがんばれるということを実感します。


とはいっても、読者のみなさんの中には、仕事が忙しすぎて、人生を楽しむ時間がないという人もいるかもしれません。そこで、参考までに僕が仕事以外の7割の時間を充実させるための効率的な仕事術を紹介します。

それは、「やるべきこと」の目的をしっかりと理解し、つねに集中して「最短の方法」を考えること。

そうすれば、仕事をさっさと終わらせることができます。

若いころからそういうスタンスだったので、日本生命時代には「最短の時間で問題を解決する方法を知りたければ出口のところへ行け。その代わり、味も素っ気もないけれど」とよくいわれたものです。

そうです。

最短を求める僕のやり方は、味も素っ気もないのです。

たとえば、打ち合わせにしても、長くダラダラと話すことは基本的には嫌です。お客様が来られてもアイスブレイキングなしにすぐに要件に入ります。なぜなら、お互いにとって時間ほど貴重なものはないからです。ただ、それではあまりに味気ないと、若い社員から、「最初にお天気の話をするとかしてくださいよ」と叱られることもありましたが……。

そのあたりはもちろんケースバイケースですが、基本的な仕事の姿勢としては、つねに「最短の方法」を考える。これが、仕事を早く終わらせるコツだと思います。

そして、自分のやるべきことをさっさと終えたら、あとは本を読んだり、人に会って酒を飲んだり、旅に出たり。そういった楽しいことが待っていると思うと、俄然《がぜん》、仕事への集中力が高まります。

余談ですが、あらゆるイノベーションは、じつは怠け心から起こるのです。

たとえば、夕方4時に上司から5時間の仕事を指示される。真面目な人は、すぐさま仕事に取りかかります。4+5=9ですから、夜の9時には終えられると考えるのです。

ところが7時にデートを約束している人は、なんとか3時間で終える方法はないかと必死に考えます。この怠け心がすべてのイノベーションを生むきっかけになるのです。4+5=9ではいけないのです。

腹落ちするまで考え抜く。それがビジネス

「ゆっくり急げ」

（オクタウィアヌス）

◆「P」を考える――仕事をしっかり軌道に乗せるコツ

ビジネスにおいて、その成否を決める大きな要因はなんでしょうか？

それは、最初の段階の「計画（プラン）」が、しっかりと練られているかどうか、にかかっていると思います。

ビジネスをうまくまわしていく方法の1つとして、「PDCAサイクル」と呼ばれるものがあります。「Plan（計画）→Do（実行）→Check（評価）→Ac tion（改善）」という4つの段階をくり返しながら、ビジネスをよりよいものにしていく方法です。

このサイクルでいえば、そのビジネスがうまくいくかどうかは、最初の「Plan（計画）」が何にも増して肝心だと僕は考えるのです。逆に、そのチームにどんな優秀なメンバーがそろっていても、「Plan（計画）」が不十分なまま走り出してしまったら、たいていの場合、うまくいかないのではないでしょうか。

講演などの場で「PDCAサイクルの『C（評価）』と『A（改善）』がうまくいかない」という相談をよく受けることがありますが、それは極論すれば、そもそもの「P（計画）」がなっていないからです。

最初に「P（計画）」を熟考して、とことん具体的にしておけば、そのあとの「C（評価）」と「A（改善）」も随分やりやすくなります。

たとえば、「売上を1000万円アップする」という目標を掲げたのであれば、何によってその1000万円を生み出すかを具体化する。A商品で500万円、B商品で300万円、C商品で200万円という具合です。さらに、それを売る場所も、A商品は自分の店で売る、B商品はD代理店に売ってもらう、C商品はインターネットで販売するというところまでしっかりと決めておきます。

このように具体的な計画をつくっておけば、たとえば実際の売上が500万円だったとき、なぜ目標の2分の1しか達成できなかったのかを分析しやすくなるはずです。

そして、そうした失敗の分析に基づいて「P（計画）」を見直し、しっかりと改善していく。こうした流れをくり返していけば、ビジネスはきっとうまくまわっていくと思います。

ところが、人間はどうもせっかちなのか、多くの人は、頭では「計画」の重要性を理解していても、ついつい先に先に急ごうとしてしまいがちです。頭でじっくり考えるよりも、すぐに動きたくなってしまう。とくに、行動力のある人はそうしたパターンに陥りがちです。「行けそうだ！」と思ったら、計画もそこそこに行動に移してしまう。

しかし、その逸る気持ちをぐっと抑え、落ち着いてゆっくりと慎重に考える。

自分自身が腹落ちするまでじっくりと考え抜く。

これがビジネス、もっといえば人生をしっかり軌道に乗せて上手にまわしていく秘訣なのではないでしょうか。

◆後継者に自分とまったく違うタイプを選ぶ——カエサルの度量

ローマ帝国の初代皇帝となるオクタウィアヌス（のちのアウグストゥス。紀元前63～紀元14）は、「ゆっくり急げ」ということわざを好んだそうです。彼は、この言葉を自分の執務室の壁に掛けて、つねに眺めていたという伝説が残っています。

「急がば回れ、ゆっくりと着実に行動することが一番の成功への近道である」という意味です。

オクタウィアヌスは、ローマ帝国の基礎を築いた英雄カエサル（紀元前100～前44）の姪の子で、10代のころにカエサルに見込まれ、その後、彼の後継者としてローマを統一、初代の皇帝となります。

彼は非常に優れた皇帝で、カエサルの描いたグランドデザインを見事に実現。ローマ帝国に安定と平和をもたらし、彼の統治からほぼ200年のあいだ、ローマは「パックス・ロマーナ（ローマの平和）」と呼ばれる繁栄の時代を迎えます。

これだけの偉業を成し遂げたオクタウィアヌスもすごいのですが、その才能を、まだ10代の彼から見抜いたカエサルもすごい。

そもそもオクタウィアヌスは、カエサルとはまったく異なるタイプでした。カエサルは、文武両道に秀で、頑健で、人たらしで、女性にはモテる、まさに魅力あふれるヒーローそのものです。一方のオクタウィアヌスは、体は弱いし、あまり面白味のない人物で、女性にもそれほどモテない……。ただし、賢かった。そこをカエサルは見抜いたわけです。

僕がカエサルの非凡さをさらに感じるのは、自分の後継者に、自分とはまったく違うタイプを選ぶ度量があったところです。できる人は、ともすれば、自分と似たタイプをかわいがる傾向があります。「俺の若いときにそっくりだ」などと。


やや話が脱線してしまいました。先ほど紹介したことわざの話に戻しましょう。オクタウィアヌスは、先ほど述べたことからもだいたい想像がつくと思いますが、非常に慎重な人物だったようです。

先ほどのことわざ以外にも、「大胆な指揮官よりも、注意深い指揮官がいい」「完璧にやってこそ、早くやることができる」といった言葉を残しています。

僕が強く興味を覚えるのが、それほどの彼がなぜ、「ゆっくり急げ」ということわざを大切にしていたのか、ということ。もともと慎重な人なのですから、わざわざ「ゆっくり急げ」と自分に言い聞かせなくてもいいのではないか。

ここに、僕はこの言葉の持つ説得力を感じます。

オクタウィアヌスのような慎重な人物であっても、実現したい夢の前では、ついつい事を急いでしまいそうになることがあったのではないでしょうか。しかし、慌てれば、たいていの事は仕損じます。だからこそ、彼は自分自身を戒めるためにも、この言葉をつねにじっと眺めていたのではないかと僕は思うのです。

それくらい人間はせっかちな動物で、そしてそれが、多くの場合、人間にとって失敗の元凶となってしまう。オクタウィアヌスのこのエピソードは、計画がいかに大事かということを物語っているような気がします。

ただし、いくら綿密に計画を立てても、それを実行に移さないのであれば話になりません。ときどきそういう人もいますが、そんな腰の重い人には「歩きながら考える」くらいの気持ちがあってもいいのかもしれません。

もちろん、腹落ちするまで考えて、計画を立てた上でのことですが……。

人はあなたの「言葉」でなく「行動」を見ている

「ここがロドス島だ。ここで跳べ」

（『イソップ物語』）

◆人は、自分のために時間を使う人に愛着を持つ

ＨＤＩ-Ｊａｐａｎ（世界最大のサポートサービス業界団体である「ヘルプデスク協会」の日本法人）が主催する、「ＨＤＩ問合せ窓口格付け（生命保険業界）」という格付けがあります。

ライフネット生命は、ありがたいことに、創業3年目から、「問合せ窓口（コンタクトセンター）」「サポートポータル（ウェブサイト）」の両部門で業界トップの「3

つ星」を7年連続で受賞しています。

そこで、「その秘訣を教えてください」と、他社の方々から講演を依頼されることがしばしばあったのです。

あるとき、講演後の懇親会で、コールセンター担当の他社の役員の方から、「私はいつも、『コールセンターはお客様との接点だから、企業にとって一番大切な部門です。がんばってくださいね』と口を酸っぱくして話しているのですが、従業員にはなかなか浸透しないのです」という相談を受けました。

そこで、「あなたはコールセンターにどれくらいの頻度で通っていますか?」とお尋ねしたところ、答えは、「場所が本社から離れているので、半年に1回くらいです」というものでした。

浸透しない理由はこれだと思いました。

出向く頻度が少なかったのです。

人間関係においてフェイス・トゥー・フェイスの関係はとても大切です。

しょっちゅう顔を合わせていれば、「コールセンターは大事だから、がんばってくれ」と口を酸っぱくして言わなくても、相手にはこちらの思いが伝わるものです。

逆に、どれほど立派な言葉であっても、それが電話でだけ、メールでだけであれば、相手にはなかなか伝わらない。

人間とはそういうものだと思います。

人間は相手の「言葉」ではなく、その「行動」を見るのです。

人間は自分のためにどれくらい時間を使い、行動してくれているかで、その相手の本気度を見極めます。

たとえば、上司が部下に「私は君のことをこれだけ考えているんだよ」と熱く語ったとしても、その人が、ゆっくり面談もしなければ、2人で食事に行くこともしないのであれば、部下は「なんだこの上司は、口だけか……」ときっと思うでしょう。なぜなら、この上司は、この部下のためにほとんど時間を使わないのですから。

人間は、自分のために時間を使ってくれる人に愛着を持つ動物だと思います。

そして、その指標となるのが、実際の「行動」ではないでしょうか。

◆行動しないのは「本気でない」ということ

そもそも、人間は本気であれば簡単に行動に移せます。

本気で好きならプロポーズもできます。

「これが大切だ」とか、「こうしたい」といった思いが本当に腹落ちしていたら、自然と体がその方向に動くものです。

実際僕は、ライフネット生命のコンタクトセンターには、週末を含めてほとんど毎日出向き、スタッフの顔色を見ていました。

それはモラルを上げたいとか、リーダーとしてスタッフの士気を高めたいというよりも、純粋に働いているスタッフの顔が見たいからなのです。彼女や彼たちが、元気で明るく楽しそうに仕事をしていれば、「お客さんとの受け答えもきっとうまくいっているだろう」と僕自身が勝手に安心できたのです。

そうした思いがあったので、僕は自然とコンタクトセンターに足が向いたのです(ライフネット生命の場合、同じオフィス内にあったので、行きやすいというメリットもありましたが)。また、新しく入社したオペレーターに、当社の経営理念を説明するのは僕の役目だと決めていました。

若いころ、次のようなことがありました。

日本経済新聞の「私の履歴書」に登場したある経営者の言葉にいたく感動した僕は、その会社に勤めていた学生時代の友人に電話をしました。

「今日、日経新聞を読んだら、お前のところのトップ、すばらしい話をしているじゃないか」

ところが友人の答えは、「あれは、建前をしゃべっているだけで、本音は全然違うぞ」というものでした。

そう。結局、その記事での言葉は「建前」だったのです。

トップの本音ではなかった。だから、行動が伴っていなかったし、それを従業員にも見抜かれていたのです。

古代ギリシアの寓話《ぐうわ》集・『イソップ物語』に出てくる言葉に、「ここがロドス島だ。ここで跳べ」があります（『ほら吹き男』）。

ほら吹き男がある村で、そこの村人たちに自慢をします。

「オレはロドス島に行って、そこで開かれたジャンプの大会で一番になったのだ。そのとき、みんながロドス島にいたら、どれくらいオレのジャンプがすごいのか見られたのに」

するとし、ある村人が次のように返しました。

「別にロドス島に行かなくても、今すぐ、君がここでやってくれれば、どれくらい君のジャンプが上手かわかるじゃないか。ここがロドス島だ。さあ、跳んでごらんよ」

そう言われて、このほら吹き男は、慌てて逃げていったという物語です。

この寓話が教えてくれるのは、「いくら口ではえらそうなことを言っても、行動しなければ、なんの意味もない」ということ。

そして、先述したように、人は本気だったら、おのずと行動できるのです。

たとえ、そこがロドス島でなかったとしても。

仕事は、怒ったら負け

「力強いとは、相手を倒すことではない。
怒って当然というときに自制できる力を持っていること」

（ムハンマド）

◆イスラムの開祖・ムハンマドの「極めて高い感情自制能力」

イスラム教の開祖・ムハンマド（570ごろ～632ごろ）の言行録である『ハディース』という書物があります。

これは、神がムハンマドに詠めと言った言葉をまとめた『クルアーン（コーラン）』とともに、イスラム教の骨格をなしている経典です。

ムハンマドという人は、宗教家として稀有《けう》な人だとつくづく思います。

40歳くらいのときに神からの啓示を受け、宗教活動をはじめますが、それまでは無学で字も書けない当時としてはごく普通の商人でした。さらに、神の言葉を伝える預言者となってからは、布教活動をしながら、マディーナという町で政治的指導者となり、さらには、軍事的指導者としてマッカを降伏させました。

そして、630年にはイスラム教に基づく国家を建設。その2年後には、9人いた妻の中でとりわけ寵愛していた年若いアーイシャの腕の中で亡くなります。

ムハンマドはこのように、幸せな人生を送った宗教人でかつ極めて現実的な実務能力の高い人だったのです。

同じ開祖でも、イエスやブッダとは、かなり趣が異なると思います。

彼らの場合、一般の人間を超越した、どこか神々しいところがありますから。

そして、極めて人間的なムハンマドの「言行録」であるからこそ、『ハディース』という書物には重みがあると思います。われわれ一般の人間も努力次第で、それを成し遂げることができる、という意味で。

そして、この『ハディース』の中で僕がとりわけ好きなのが、この言葉です。

「力強いとは、相手を倒すことではない。怒って当然というときに自制できる力を持っていること」

僕自身、長年生きてきてつくづく感じるのが、どんな事柄であれ怒ったら負けだということです。

なぜなら、怒りの感情に心が支配されてしまうと、ものの見事に判断力が鈍ってしまうからです。そのようなときの言葉や行動にロクなものはありません。

といっても、人間誰しも、怒りでカッとなるときはあります。人間は感情の動物なので、腹が立てば怒ってしまう。それはそれで仕方がないことだと思います。

しかし、だからこそ、それをコントロールできる人は強い。ムハンマドが語るように、怒って当然というときに、その感情を自制（コントロール）できる人は本当の意味で強い。

日本生命に勤めていたころも、本当に怖い人は、そういう人でした。「たぶんカンカンに怒っているだろうな」と思うときでも、どっしりと落ち着いている。だからこそ、なおさら怖かった。逆に、めったやたらに怒っている人はじつは臆病で、こちらが倍くらい怒り返せば、シュンとなってしまったものです。

◆「激怒の3乗」くらいの激しい怒りをも鎮める法

かくいう僕も、昔はよく怒っていました。

元来、気が短いので、腹が立つと瞬間湯沸かし器のごとくカーッとなって怒ってしまうのです。

昔、部下から「楽勝の上司」といわれたことがあります。理由を聞くと、「怒っているか、笑っているかだから、わかりやすいので」とのこと。部下たちからすると、「怒っているから、今は報告に行くのをやめておこう」とか、「笑っているから、今がチャンスだ」とか判断がしやすいというのです。そういわれて、僕も「そういうものかな」と。

たしかに、部下ができの悪いレポートを出してこようものなら激怒して、「なんだ、これは！」と怒ろうと思うのですが、部下もよくできたもので、席を外している。それだけ僕はわかりやすかったのでしょうね。

とはいえ、こちらも腹の虫が収まりません。そのレポートを裏返して赤ペンで「激怒」などと書く。まだ怒りが収まらないときは、「激怒の3乗くらいにしておこう。いや

5乗だ」と、「^{3}激怒」とか「^{5}激怒」とか書いておく。書くといくらかスッキリして、それを部下の机の上に置いておく。すると、しばらくすると部下が修正したものを持ってくる。そんなことをよくやっていました。

一方、ベンチャー生保をはじめてからは、あまり怒らなくなりました。といっても、僕が昔にくらべて人間ができてきたからではありません。

怒っている暇がなかったからです。

組織や仕組みをゼロから立ち上げ、しかもスタッフがたくさんいるわけでもない。怒っている暇があったら、自分で手を動かして直接やったほうが早い。

ベンチャーを経営するようになって気がつきましたが、気ままに怒れるのは、大きな組織で時間的な余裕が十分あるからなのです。

そのようなわけで、僕自身、ムハンマドのいう「自制できる力」はまだまだです。

ただ、自分をコントロールする努力は続けています。つねに100%コントロールすることは無理でも、「ここぞ」というときには、コントロールできるようにしたいと。

そして、自分をコントロールするコツとして行なっているのが、一呼吸を置くことです。何か事が起きたときに、慌てふためいて、脊髄反射のごとく何も考えずに即座に反応してしまうのではなく、ふと力を抜いて一呼吸を置いてみる。

そのあいだ、思考をフル回転させます。

「これはいったいどういうことだろう」と考えてみる。こうした習慣を持っていれば、たとえ、一瞬、怒りの感情でカーッとなったとしても、結果的には、目の前の状況に対して冷静に対応していくことができます。

昔、聞いた話ですが、経験の浅いパイロットは、飛行中に異常が見つかると、「大変だ！」と、慌ててなんらかの対処策を実行しようとするそうです。たとえば急降下するなど。高度を下げておけば、万が一のときに不時着ができるから安全だと思うのでしょう。ところが、そうした対処がかえって事故の確率を高めてしまうそうです。

一方、経験を積んだパイロットは、そうした事態になっても、すぐには手を打たず、そのまま飛び続けるといいます。もちろん、何もしないわけではありません。そのあいだ、思考を集中させ、現状を分析し、原因を考えます。そして、「これが原因だ」と確信が持てたら、そこではじめて手を打つのだそうです。

ベテランのパイロットは、原因がわからないままにやみくもに対処してしまえば、かえって事故のリスクを高めることがよくわかっているのです。だから、一呼吸を置く。ベテランとそうでないパイロットの対応の差は、それができるか、できないかだといっていいでしょう。

そして、その差の源にあるのは、経験や知識の差なのだと思います。ベテランのパイロットは、経験や知識が豊富なゆえに、一呼吸を置くことを恐れない。

これはパイロットの世界に限らずいえることだと思います。経験を積み、豊かな知識を持つにつれて、人はどんなことが起こっても、一呼吸を置いて、冷静に状況を判断できるようになります。感情に振り回されることなく、適切に行動していけるようになります。そういう人を、ムハンマドは「強い人」と呼んだのでしょう。

そうした「強い人」になるためには、やはり経験や知識を増やし続ける努力が欠かせないと思うのです。

強さとは、多様性を受け入れるか、どうか

「自家薬籠中《じかやくろうちゅう》のもの」
（狄仁傑《てきじんけつ》）

◆世界帝国を実現したクビライの「多様性を受け入れる能力」

個人も組織も、多様性のあるものほど強い。

僕はそう考えています。

歴史を見ても、多様性を受け入れた国家は非常に強いことを実感します。

たとえば、僕がとくに尊敬している歴史上の人物に、モンゴル帝国の5代目カアン（皇帝）、クビライ（フビライ、1215〜1294）がいます。彼は中国全土を支配

下におさめ、大元ウルスの最盛期を築き上げた人物です。鎌倉時代の日本にも二度ほど遠征を試みています（モンゴル戦争。1274年、1281年）。

僕が彼のすごさを感じるのは、多様性を柔軟に受け入れるその姿勢です。民族や出自に関係なく、能力がある人をどんどん登用していったのです。

たとえば、クビライが南宋を攻略する際の総司令官となったバヤンという人物は、もともとはフレグウルス（イル＝ハン国。クビライの弟、フレグが、現在のイランの地に建国した国家）の出身です。

弟のフレグが、兄クビライの宮廷に年賀の使節を送った際の一員で、その聡明さをクビライが非常に気に入り、彼をスカウトして自分の家来にしたのです。そして、その数年後、いよいよ南宋を攻撃して中国全土を手中に収めるぞというときに、還暦を超えたクビライは彼を総司令官に抜擢。なんとそのとき、バヤンはまだ40歳。有能であれば、年齢や経験にこだわらず人材を登用するというクビライの姿勢がよく表れています。

◆「自分の薬箱には多種多様な薬がある」という自信

個人でいえば、多様性とは、引き出しの多さだといえるでしょう。

「自家薬籠中のもの」という言葉があります。

これは、唐の時代、武則天《ぶそくてん》（６２４～７０５。唐の３代目皇帝、高宗《こうそう》の寵愛を受けて皇后になる。高宗の死後、あとを継いだわが子２人を廃し、自ら皇帝として即位し、ほぼ半世紀にわたって国政の実権を握った女傑）の知恵袋だった宰相、狄仁傑（６３０～７００）が語ったとされる言葉です。

彼は武則天の命を受け、科挙を通じて非常に優秀なブレーンを集め、当時の乱れた政治を立て直すことに尽力します。その見事な手腕から武則天からは「国老」と呼ばれ、大きな信任を得ていました。

その彼のブレーンの１人に元行沖《げんこうちゅう》という非常に博識な人物がいました。彼があるとき、狄仁傑に「私もあなたの薬箱の末席に置いてください」とお願いします。その際に、狄仁傑が答えた言葉が「自家薬籠中のもの」。つまり、「君はすでに私の薬箱の中で欠かせない人だよ」と。

この言葉に、僕は狄仁傑の自負を感じます。つまり、自分の薬箱（側近集団）には、多種多様な薬（ブレーン）があるから、何が起こっても、たいていのことには対応できる。どんなことが起こっても平気だ、と。そして、次世代の玄宗《げんそう》の開元《かいげん》の治《ち》を支えた優秀な官僚はすべてこの薬箱の中から出ているのです。

偏見なく、「いい」と自分で思ったら、どのようなものでも貪欲に受け入れていく。そうした姿勢で生きている人は、その懐の深さゆえに、自ずと物事にも幅広く精通していくし、経験も豊富になります。つき合っている人たちを見ても、多種多様です。さまざまな世界にまたがって知り合いがいる。

こういう人たちは、非常に魅力的だし、人間としても非常に強いと思います。

彼らのように、自分の周囲に多様性を持ち続けるために大切なことは、自分の世界に閉じ込もってしまわないことではないでしょうか。とりわけ、年を重ねるにしたがって、このことは強く意識する必要があると感じています。

年をとるにつれ、人間はとかく自分の世界に入りがちです。自分の好きなことだけをやって、同年代の自分と気の合う人たちだけとつき合う。逆に、年齢や性別、属性などがバラバラな多様性の中に身を置くと、なんとも居心地の悪さを感じてしまう。

しかし、似た者同士、気の合う仲間同士だけのつき合いにとどまってしまっていては、成長できるはずがありません。集まっても似たような意見しか出ず、会話もマンネリ化していく一方です。そこにどっぷりとはまってしまえば、世界はどんどん狭まっていきます。そうなれば、自分自身も元気さを失っていきます。

いい例が、江戸時代です。鎖国をして、外との交渉を絶ってしまったがために、日本は世界の大きな流れから取り残されてしまいます。また、体もどんどん小さくなっていった。日本人の平均身長や体重は、江戸時代後期が最低です。

僕の考えでは、徳川政権は、日本史上、最低の政権だと思います。なぜなら政治のもっとも大切な役割は、市民にご飯を食べさせることにあるのですから、１００万人単位の餓死者を出し、身長や体重が小さくなっていく政治に高い評価を与えられるはずがない。それを倒すことによって実現した明治維新は、徳川２５０年の遅れを取り戻すための運動だったと思っています。

じつは、多様性を重視することは、僕自身への教訓でもあります。

ライフネット生命でも、できるだけ多種多様な人が集まるように心がけていました。

国籍や学歴、男女の区別もないし、また定年も設けていませんでした。そしてAPUは、さらに多様性にあふれています。約6000人の学生のうち、約3000人が106カ国・地域から集まっている「若者の国連」なのですから。

僕自身こうした多様性の中で仕事を行なうことで、毎日、たくさんの刺激をもらい、非常にワクワクしながら大学の仕事をさせてもらっていました。

先延ばしにした瞬間、運命の女神は逃げていく

「運命が何を考えているのかは、誰にもわからないのだし、どういうときに顔を出すのかもわからないのだから、運命が微笑むのは誰だって期待できるのである」

（ニッコロ・マキャベリ『政略論』）

◆人生も仕事も「タイミング」――ツキを確実につかむ法

人間の人生は、回転木馬のようにつねにまわっています。

幸運が永遠に続くわけではないし、不運がずっと続くわけでもない。

だから、誰にだってチャンスはあるのです。

もし、あなたが、「そうは言うが、俺の人生はたいがいツイていない」と思っているとしたら、それは、ツキが来ないのではなくツキのタイミングを見逃してしまって

いるからなのです。

16世紀はじめ、イタリアのルネサンス期、フィレンツェ共和国の外交官として活躍したマキャベリも、こう述べています。

「運命が何を考えているのかは、誰にもわからないのだし、どういうときに顔を出すのかもわからないのだから、運命が微笑むのは誰だって期待できるのである」

マキャベリは、メディチ家の復活により失脚を余儀なくされたあと、郊外で隠棲しながら、数々の本を執筆します。そこで彼は、けっしてきれいごとではない、現実に即した政治論や戦略論などを展開。右の言葉は、その中の1冊、『政略論』にある一文です。

運命は誰にでも微笑む。

でも、それがいつ来るのかは誰にとっても予測不可能。

失脚後、運命が二度と微笑むことがなかったマキャベリの言葉だけに、重みを感じます。

これまで生きてきてつくづく感じるのは、「人生はタイミング」だということです。

何かを感じたとき、「また、明日にしよう」と、決断や行動を先延ばしにしてしまえば、あっという間にチャンスは逃げていってしまいます。

たとえば、散歩中に見つけた美しい花。

「明日も咲いているだろうから、今日は摘み取るのをやめよう」と、通り過ぎてしまえば、明日、同じ場所で、その美しい花に出合えるかどうかはわかりません。その後、誰かに摘み取られてしまうかもしれないし、雨が降ったり、風が吹いたりして、萎《しお》れてしまっているかもしれません。

今日という日が明日も同じように続くと思うのは、幻想です。

仕事でも同じことがいえます。

誰かと意気投合して、「一緒にやろう」と盛り上がったとき、一気呵成《いっきかせい》に事に取り組んだほうが、たいていの場合はうまくいきます。

一方、せっかくいい仲間、いいアイデアを得たのに、そのまま1年くらい放っておけば、お互いに情熱も冷めてしまい、結局、形にならないで終わってしまいます。また、タイミングがほんのちょっとズレただけで、途端に物事がうまくいかなくなってしまうことも多々あります。

前にも触れましたが「風が吹いていないときは、凧は揚がらない」といつも思っています。

つまり、自分のほうに世間の流れが来ていないときは、何をやってもうまくいかないのです。それがこの世の理であり、そのときはじっと我慢しているしかない。

ただ、流れが来たと思ったら、すかさず風に乗る。長い人生においては、大きな流れに身を任せることが非常に重要だと僕は思うのです。

◆運命の女神は、準備している者だけに微笑む

では、どうすれば、そうした流れをいち早く察知し、タイミングよくその流れをつかむことができるのでしょうか。

残念ながら、上手い方法はないと思います。

唯一、やっておくべきは、つねに「I'm ready」の状態にしておくことではないでしょうか。つまり、「いつチャンスが来ても大丈夫！」とドンと構えていられるよう平素から準備をしておく。

そのために必要なのは、「勉強」と「自己管理」です。

勉強では、自分の専門分野や、自分の興味のあることなどを、一生学び続ける。学ぶことが習慣になっていれば、突然チャンスが訪れ、新しいことを習得する必要が生じても、すぐに身につけられるはずです。

自己管理は、「健康管理」と言い換えてもいいでしょう。

何事も、健康な体や心があってこそです。

病気がちでは、せっかくチャンスがめぐってきても、それに気づけないし、気づけたとしても、走ることができません。

健康管理といっても、何か特別なことをせよといっているのではありません。別に、ジムに通ったり、特別な食事法を実践したりする必要はない。

それよりも重要なのは、自分の体のことをよく知ることです。たとえば、自分は朝と夜、どちらが強いのかとか、お酒の量はどのくらいが限度なのか、など。

そうしたことをよく理解した上で、毎朝、元気に起きて出勤するには、どういう生活をおくればいいのかをよく考える。そして、自分自身をコントロールしていく。

酒量はどの程度にしておくのがいいのか、夜は何時ごろに寝ると体調がいいのか、食事はどの程度食べると、一番エネルギーを出しやすいのかなど、自分の体をよく観察して、よりよく動けるようにさまざまな選択や判断を行なっていくのです。

これができず、たとえば、二日酔いで出勤するとか、夜更かしばかりで頭が働いていないとかでは、重要な仕事を与えてもらえるはずがありません。

つねに勉強を忘れず、自分の体を知り、しっかりコントロールし続ける。

このように、つねに「I'm ready」の状態にしておけば、自分にいい流れが来たなと感じたとき、全力で走ることができます。そして、運命が微笑んでくれたら、見事に、チャンスをつかむことができるはずです。

リーダーに必要なのは「強い思い」と「算数」

「道徳なき経済は犯罪であり、経済なき道徳は寝言である」

（二宮尊徳『二宮翁夜話《にのみやおうやわ》』）

◆「道徳のない経済」は犯罪である！

この本をお読みのみなさんの中には、独立してビジネスをはじめようと考えている人がいるかもしれません。ここでは、そうした人に向けて、新たにビジネスを興す場合の基本的な心構えについて述べていきたいと思います。

ご存じの通り、僕は還暦でライフネット生命を開業することになったのですが、僕自身は、規模の大小を問わず、起業する上で大事なことは2つしかないと考えています。

それは「強い思い」と、「算数」です。

「強い思い」とは、この世の中をよりよくするために、自分たちが「何をしたいのか」、「何を変えたいのか」ということです。自分たちは世界のどの部分、すなわち「何を担うのか」ということです。

「算数」とは、収支計算です。すなわち、B／S、P／L、営業キャッシュフロー表などのことです。これは、企業を興すときに限らず、NPOを組織し、息の長い活動をしていく場合も同じだと思います。

このような僕の考えを、代弁してくれる偉人の名言がありました。江戸時代後期、各地の農村立て直しに尽力した二宮尊徳（1787～1856）の次の言葉です。

「道徳なき経済は犯罪であり、経済なき道徳は寝言である」

◆「夢」を語っているつもりで「寝言」を言っていないか

「道徳なき経済」とは、極論すれば、かつての大英帝国東インド会社の「アヘンを売って儲けたい」といった類の話。「お金さえ儲かればなんでもいい！」という発想でビジネスを行なうことです。このようなものは「犯罪だ」と二宮尊徳は言うのです。

これは当然のことで、世の中をよくしたいという「強い思い」もなく、ただただ「お金儲けがしたい」だけでは、あまりまともなビジネスとはいえないでしょう。

まさに「道徳なき経済」。害悪をまき散らすだけです。

もう1つの「経済なき道徳」とは、「強い思い」ばかりが先行して、収支計算が甘いビジネスのこと。これを「寝言だ」と言って、尊徳は言下に否定します。

そもそも人間は動物ですから、普通にご飯が食べられなければ、「強い思い」も何もあったものではありません。お腹がある程度満たされていなければ、心も不安定になり、理性的な思考や行動がしにくくなります。どんな崇高な行為も、お腹が満たされてこそ、なのです。まさに、衣食足りて、礼節を知る。

そして、お腹を満たすには、お金が必要です。なんらかの仕事をして、ある程度は稼いでいかなければならない。ビジネスであれば、収支計算をきちんと行ない、そこで働く人がまともに生計を立てられるようにしてあげなければいけない。

それができないビジネスは、どんなに立派な理念や使命を掲げていても、しょせんは自己満足にすぎません。単なる道楽です。

尊徳の言葉はそのことをするどく突いています。

ところが、昨今のＮＰＯなどの立ち上げの状況を見ていると、この「経済なき道徳」に陥りがちなケースが多いように感じます。

たとえば、困っている人を救おうと、ソーシャルビジネスを起業したとします。そこには志があります。道徳があります。一方、収支計算を聞いてみると、これが大変に甘い。年間の定常的な収入は５００万円なのに、ビジネスをまわしていくために年収５００万円の人を３人雇わなければならないと。そして、その差額は企業の寄附で賄いますと。このようなプランはそもそもサステイナブルでしょうか。

このような甘い収支計算では、早晩、ビジネスが立ち行かなくなるのは目に見えているので、怖くて誰も応援できません。「算数」も「強い思い」と同じ程度に必要なのです。

起業やＮＰＯをはじめようとする人は、「強い思い」に満ちあふれている人が少なくありません。そして、その「強い思い」を実現するためには、なんといっても収支計算をしっかりと行なっていくこと。強い思いを丁寧に数字に置き直す作業が必要です。しっかりと収益を確保でき、かつ収支に無理のない仕組みを整える。

このことは強く肝に銘じるべきだと僕は考えています。

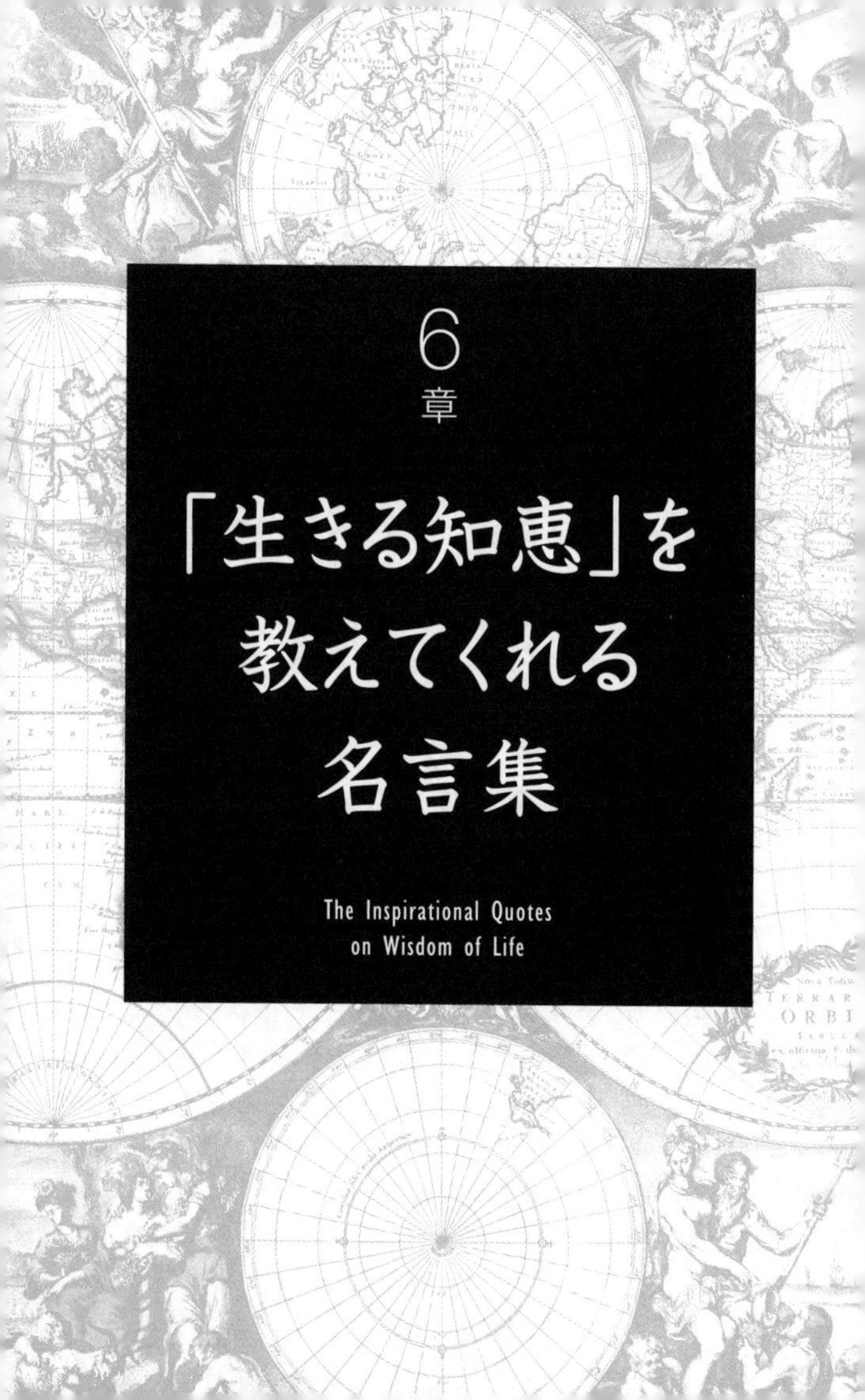

6
章

「生きる知恵」を教えてくれる名言集

The Inspirational Quotes on Wisdom of Life

人生の伴侶とは「自分が泳ぐ川」のようなもの

「あの人の肉体は、私が飛び込んで泳いだ知恵の流れる川。この人の人格は、私がよじ登った木」

（マイケル・オンダーチェ『イギリス人の患者』）

◆パートナーの条件――相手がさらけ出したものを受け入れられるか？

「人と人とを結びつけているものは、基本的には『利害』である」――。

これについては2章で述べました。つまり、ビジネスでは、お互いになんらかのメリットがあるから相手とつながっているのです。

ところが、これが一緒に暮らす人生のパートナーとなると、話が違ってきます。人生のパートナーは一言で述べれば長期にわたる「全人格的な関係」であり「運命共同体」のようなものです。「利害云々」だけの次元の関係ではありません。

僕は人間関係において、人生のパートナーとのつき合いほど難しく、大変なものはないと思っています。

なぜなら、一緒に暮らしていくためには、自分をさらけ出していかざるを得ないし、相手がさらけ出したものをすべて受け入れていかなくてはならないからです。そのためにも、お互いに相手がどういう人間なのかを深く理解し合うことが欠かせません。

そして、人生のパートナーの場合、目の前の出来事だけを理解し合えればいいわけではありません。相手が背負っている過去の時間と、その人が生まれ育った土地までをも含めて理解すること。

もっといえば、相手の親を含めた先祖が生きてきた時間や空間をも理解すること。つまり、相手の「宇宙」(「宇」は空間、「宙」は時間を表し、この2文字で空間的、時間的広がりを意味します)を理解し、引き受けるということです。

誰かと一緒に暮らすということは、それくらいの覚悟がいることなのです。

ニコニコと上っ面だけのつき合いではすまされないのが、人生のパートナーという存在なのです。

◆ある意味「家庭」より「職場」のほうが気が楽

そのような全人格的な人と人とのつき合い方を見事に言い表している表現に、ある小説を読んでいるときに出合いました。

それは、スリランカ出身のカナダ人作家、マイケル・オンダーチェ（1943～）の『イギリス人の患者』という小説。『イングリッシュ・ペイシェント』という名作映画の原作になった作品として、ご存じの方も多いことでしょう。

舞台は、第二次世界大戦末期のイタリア。全身にやけどを負った患者を、カナダ人の従軍看護師の女性が看病します。その患者は、アルマーシーというハンガリーの伯爵。かつて北アフリカの砂漠を探検していた男性で、その地で人妻キャサリンと不倫の恋に落ちます。

小説のラスト近く、その恋物語を語るアルマーシーの口からこぼれ出た言葉がこれです。

「あの人の肉体は、私が飛び込んで泳いだ知恵の流れる川。この人の人格は、私がよじ登った木」

この言葉は、「相手」という人間を「川」や「木」にたとえた表現。勇気を出し、覚悟を決めて相手の中に飛び込んでいき、苦労して努力して泳げるようになったり、登れるようになったりしてはじめて、相手という人間が本当にわかってくる。相手の「宇宙」を引き受けていけるようになる。

人生のパートナーとのつき合いとは、それくらいに覚悟を決めなくてはいけないものだと思います。

そう考えると、仕事のほうがはるかに楽です。

仕事にはオープンにされた明確なルールがたくさんあります。

たとえば、労働法規だったり、就業規則だったり、経営計画だったり。仕事は、それらのルールに従って丁寧にゲームをしていけばいいのです。しかも、たいていの場合、常時半分ぐらいの力でやるべきことをやっていれば、あまり文句もいわれない（昔の上司には、30％くらいだと叱られましたが）。

また、嫌な上司や同僚がいても、自分か相手かどちらかが部署が替われば、とりあえず、つき合いはそれで終わります。

結局、仕事は自分の一部分だけを表に出しているだけでも、そこそこにやっていけるものなのです。

一方の人生のパートナーとのつき合いは、そうはいかない。もっと全人格的なつき合いが必要です。相手のことをきちんと考えて行動する必要があります。お互いの関係を縛ってくれるルールもないし、打算もないので、まさしく人間対人間の裸のつき合い。仕事の相手よりもはるかに気を遣います。でもそれだけに、2人のあいだでしっかりとした関係を築くことができれば、人生の苦楽をすべて共にすることができます。だから多くの人は結婚するのだと思います。

また、結婚はしなくても、アルマーシーとキャサリンのように心から満足し合える濃密で深いきずなを結ぶことができるのです。

恋愛は人間力を鍛える、またとないチャンス

「人間は恋をしているときには、ほかのいかなるときよりも、じっとよく耐える。つまり、すべてのことを甘受するのである」

（フリードリヒ・ニーチェ）

◆女性にはモテなかったニーチェの「すごい恋愛論」

「恋は盲目」といいます。

実際、人間は不思議なもので、恋をしている相手に対してはとてつもなく忍耐強く、そして、寛容になれます。

たとえば、待ち合わせで30分も待たされたら、たいていは腹を立ててさっさと立ち去ります。ところが、これが恋しい人が相手だと、30分どころか、場合によっては1

時間でも平気で待てたりします。

それだけ「恋」は、すべての人間にとって「がんばりどき」だということでしょう。

人間が動物である以上、やはり次の世代を残すということが一番大事な仕事です。

恋とは、あけすけにいえば、「この人と一緒になって子ども（次の世代）をつくりたい」ということが基本です。もちろん、それを目的としない多様な恋も世の中にはたくさんありますが。

『なんでも見てやろう』の著者、小田実さんは、人間のことを「チョボチョボ」、つまり、とくに立派な人がいるわけでもなければ、とくにアホな人がいるわけでもなく、みんな結局は「タダの人」なのだと述べています。

僕もまったく同感なのですが、その互いに「チョボチョボ」の人間でも「ここが一番大事」というときはわかっている。

それが恋。

その恋を成就させるためには、たとえ理不尽な目に遭わされようと必死に耐え、相手に対して寛容になれるわけです。

19世紀のドイツの哲学者ニーチェ（1844～1900）は、「神は死んだ」という言葉に象徴されるように、それまでのヨーロッパを支配してきたキリスト教的価値観を否定し、より自由な発想で物事を考えた人です。

ニーチェは、その思想で世界を大きく変えた1人といっていいでしょう。

それほど偉大な哲学者ですが、恋愛ではひどく奥手で、彼の伝記を読むと、ことごとく失恋しています。いろいろな女性に恋心を抱くのですが、ほとんどすべてが片思いで終わっている様子です。ひたすら毒舌で、皮肉っぽい哲学者ですから、女性にはあまりモテなかったのかもしれません。

その彼が、「人間は恋をしているときには、ほかのいかなるときよりも、じっとよく耐える。つまり、すべてのことを甘受するのである」という言葉を残しているのだから面白いものです。恋をするものの、結局、耐えられず失敗に終わった……をくり返しての、反省の言葉なのかもしれません。

恋愛は、人間が我慢強くなれるまたとないチャンスです。

もっといえば、人間力を鍛えられるチャンスです。

それを活かさない手はありません。恋を成就させ、さらに人間としてステップアップする成長の機会にしようと思ったら、ニーチェの言葉を教訓としてしっかり胸に刻みつけておくに限ります。

◆いいパートナーになりたければ、会話学校に行くといい

一方、恋愛が成就し、さらには結婚へと進み、10年、20年、30年……と経っていくと、恋だの愛だのといった世界ではなくなっていきがちです。相手への激しい思いも、いつしか穏やかなものとなっていきます。そうなると、相手への忍耐、寛容さも、残念ながら薄れていく……。

さあ、そうなったとき、どうすればいいのか。

僕は、「恋」の時期を過ぎたカップルを結びつけるものは、何よりも一緒にいることの「面白さ」だと考えています。

「この人と一緒にいて楽しい」と思えること。その際、圧倒的に重要になってくるのが「会話」の力です。人間は基本的に「言葉」でコミュニケーションをとる動物ですから、話していて楽しくないと、一緒にいるのが苦痛になります。

以前、知り合いのフランス人から、面白いことを教えてもらいました。

「最高の花嫁、花婿修業は、会話学校に行くことだ」

つまり、「言葉」がいかに大事かということでしょう。

どう話せば、どのような表現を使えば、パートナーを楽しませることができるのか、2人の会話を弾ませることができるのか。そうしたことを、結婚前にしっかり鍛えておけ、というのです。

もう1つ、フランスの友人から教えてもらったのが、「カップルがケンカをしたら、星（ミシュランの星つきのレストラン）を食べに行け」という言葉。

たしかに、おいしいものを食べれば、怒っているのがバカらしくなってきます。気がつけば楽しく会話をして、仲直りをしている自分たちがいます。

さすが、恋愛大国、フランス。

カップルがいい関係を築くためには何が大切なのかを、しっかりと本質面で理解しています。

人間はそもそも孤独。それを忘れると弱くなる

「生ぜしも独りなり、死するも独りなり、されば人とともに住するも独りなり。そひはつべき人なきゆえなり」

（一遍上人《いっぺんしょうにん》）

◆「子どもが成長したら、巣から追い出す」のが動物の自然な姿

人間は動物です。

僕はそのことをけっして忘れてはいけないと思っています。

ところが、人間はほかの動物に比べるとやたらと大脳が発達しすぎてしまった。そのため、本来の動物としての本能ではあり得ないような行動に出ることがしばしばあります。

たとえば、子育てがいい例です。

たいていの動物では、親は子どもがある程度成長したら、巣から追い出すという行動に出ます。巣立ちです。親が成人した子どもといつまでも同じ巣に住み、行動を共にしている動物はほとんどいないのではないでしょうか。

ところが、人間の場合、そうしたことが平気で行なわれています。

とくに、日本ではそうした傾向が強い。

一昔前に「パラサイトシングル」という言葉が流行りました。「パラサイト」とは、「やどりぎ」のこと。親元に寄生して生きている独身の子どものことです。なかには、それなりの稼ぎがあるのに、親元から離れない子どももいます。

さらに、ここ数年、問題になっているニートや引きこもりの若者たち。病気などの特殊な事情を除けば、学校にも行かず、就職もバイトもせずに、親に依存して、日々、家に閉じ込もっているわけです。

いつまでも巣立てない子ども。

巣立たせない親。

これは動物としてはかなり異常な姿だと僕は思っています。わが子が、大人になるための教育を修了し、読み・書き・ソロバンができるようになったら、平たくいえば、大学を卒業したらその時点で追い出せばいいのです。それが動物としての人間の自然な姿であり、親たちは諸外国のようにそれを徹底して行なうべきです。

なかには、子どもが巣立てない理由として、経済的な問題を挙げる人がいます。まだ独立して生活できるだけの収入が得られない、というのです。ならば、友達数人とルームシェアをすればいい。そうすれば、生活費をそれなりに節約することができます。

実際、欧米の若者のあいだではルームシェアが一般的です。そこで愛を育み結婚に至るカップルも多いと聞きます。連合王国（イギリス）の王室のウイリアム皇太子とキャサリン皇太子妃もまさにそのケースです。

親元から巣立つこともでき、生涯のパートナーも見つかる。

まさに一挙両得ではありませんか。

◆誰かと一緒に暮らしていても、じつは独り

鎌倉時代の僧侶で、時宗《じしゅう》（浄土宗の一派で、念仏を唱えることですべての人が救わ

れると説いた）の開祖である一遍上人（1239～1289）の、「生ぜしも独りなり、死するも独りなり、されば人とともに住するも独りなり。そひはつべき人なきゆえなり」という言葉があります。

人間は生まれるときも独りだし、死んでいくときも独り。ですから、誰かと一緒に暮らしていてもじつは独り。なぜなら、死ぬときまで自分と添い果ててくれる人など存在しないから、という意味です。

一遍は「捨聖《すてひじり》」とも呼ばれ、妻子を捨て、定まった住居も持たず、ひたすら全国を遊行し人々に仏の教えを説いてまわった人です。死ぬ間際には、自分が持っていたすべての経典を焼き捨てたという逸話もあります。

どんなに愛着のあるものであっても、それに執着せず、つねにわが身から離せる覚悟を持って生きた人だといえます。

さて、一遍の言葉にもあるように、どれほど仲のよいパートナーであっても、愛しいわが子であっても、死ぬときは別々です。一緒には死ねません。なぜなら、それぞれが独立した存在だからです。

人間とは、そもそも「孤独」な生きものなのです。

そのことを私たちは忘れてはいけないと思います。

そして、子育てにおいても、たとえ血を分けたわが子であっても、自分とは別の自立した存在なのだと強く意識し、ある程度成長したら、家から追い出して、巣立ちをさせる。

それが子どもに対する親の真の愛情だと僕は思います。

親はときに、子どもに対して、それくらいの強い思いを持つことが重要だと僕は思うのです。

人生の閉じ方を考えると、新しい人生が見えてくる

「ここから、わたしひとりでまいります」

（C・S・ルイス『ナルニア国物語　朝びらき丸　東の海へ』）

◆「毎年、遺言状を書く」と残された人生が見えてくる

「還暦もしくは古希を過ぎたら、年賀状を止めて、毎年遺言状を書こう」——。

これは、僕が最近、よく言っている言葉です。

年をとったら、お正月には「年賀状」の代わりに「遺言状」を書く、あるいは見直すことを年中行事にしてみてはどうでしょうか。

では、遺言状で何を書くのか。

僕が勧めているのは、「自分がどう死にたいのか」を具体的に書くことです。

たとえば、延命治療をしてほしい人もいれば、してほしくない人もいます。お葬式の形も好みは人それぞれです。盛大にやってほしい人もいれば、家族だけでひっそりとり行なってほしい人もいます。

そうした自分の人生をどう閉じたいのかという思いを、はっきりと書いておくのです。もちろん、必要に応じて、パートナーや子どもたちに残す財産などについても書いておいてもいいと思いますが、あくまでもそれは補足の扱いです。

僕の場合、現在の遺言状には、「一切の延命治療は不要。葬式はしなくていい。墓もいらない。遺灰は海に流してほしい」と書いています。

海は世界中につながっています。

ですから、遺灰を海に流してもらえれば、僕は死んでも世界中を旅することができる。旅好きな僕にとってはこの上ない幸せです。ついでにつけ加えれば、僕の家族や友人が、世界のどこかで海を見るたびに、僕のことを少しでも思い出してくれたら、それで十分だと思うからです。

僕が遺言状を書こうと考えるようになったきっかけは、僕の叔父が亡くなったときの経験からです。

ある日、叔父が突然、脳出血で倒れ、意識不明に陥りました。

叔母は大きなショックを受け、医者に延命治療を頼みました。「まだ生きているのだから、治療を続けてください」と。そして、自分は不眠不休で意識の戻らない叔父を看病し続けたのです。

しかし、叔母も高齢でしたので、2カ月くらいたったとき、今度は叔母のほうが倒れてしまったのです。そこでようやく叔母は気持ちの整理がついたのか、延命治療をやめる選択をしました。

この叔父夫婦は、僕を非常にかわいがってくれて、僕にとってはとても大切な存在でした。ですから、意識の戻らない叔父を懸命になって看病する叔母の姿を見るのは、本当につらいことでした……。

そのとき、強く感じたのが、本人が生前に意思表示をしておくことの重要性です。

叔父が「延命治療は一切必要ない」と遺言に書いておけば、叔母ももっと早く気持ちの整理ができたのではないかと思ったのです。

それ以来、僕は周りの人たちに、遺言状を書いて自分の人生の閉じ方をきちんと意思表示しておこうと話すようになりました。

もちろん、遺言状は一度書いたら、それでおしまいではありません。人の気持ちはコロコロ変わるものです。少なくとも年に1回の頻度で、毎年、お正月に見直して、必要に応じて書き替えていくのがいいと思います。

人生をどう閉じたいかを考えることは、自分の人生を見直す機会にもなります。

そこから、残された人生を自分はどう生きていきたいのかがよく見えてきます。

◆「ここから、わたしひとりでまいります」という騎士道精神

僕が大好きな物語の1つに、連合王国（イギリス）の作家、C・S・ルイス（1898〜1963）の書いた『ナルニア国物語』があります。これは、ライオンのアスランがつくった「ナルニア国」の誕生から滅亡までを描いた長大で胸が躍る物語です。そこには、たくさんの魅力的な生きものたちが登場します。

なかでも僕のお気に入りは、リーピチープというネズミの大親分。その騎士道精神

にあふれた親分が述べたこのセリフを大変気に入っています。

「ここから、わたしひとりでまいります」

これは、ナルニア国の王子さまたちと東の海への航海の途中で、船がこれ以上進めなくなり、リーピチープが自分の剣を捨てて、1人小舟に乗ってアスランの治める最果ての地に向かうときに語った言葉です。

もっといえば、「アスラン」の地を僕は「天国」と解釈しているので、これはリーピチープが自分の死を目の前にして、どうありたいかの決意表明の言葉とも受け取れます。「ここで、この世のみなさんとはお別れです。ここからは私1人で旅立ちます」と。


このリーピチープの言葉と重なるエピソードがあります。

尊敬する、あるお医者さまの思い出です。

その方が亡くなられたことを知り、お悔やみに伺おうとしたら、ご遺族から「故人の遺志ですので」と固く断られました。それから1週間ほどたったときのことです。

ポストにその先生からの手紙が届いていました。

「あれ？　おかしいな……」と封を開けたら、それは印刷された文字が書かれた挨拶状でした。

「突然、あの世に行くことになりました」といった書き出しで、「なにぶん急なことで予想もできなかったので、みなさんにご挨拶ができませんでした。お世話になってありがとうございました。私はあの世に一足先に行って、みなさんが来られるのを待っておりますが、みなさんはまだまだこの世のために尽くしてください」といった内容が書かれていたのです。

この先生はきっと、生前、遺言状にご自分が亡くなったあと、こうした挨拶状を知り合いの人たちに出すよう書いておられたのでしょう。先生のユーモアあふれるお人柄をあらためて感じて心を強く打たれた次第です。

最後に、最近読んだすばらしい本を1冊紹介しておきましょう。サラ・マレー『死者を弔うということ』（草思社）。人生の終わり方には世界中でさまざまな形があり、それぞれがじつに味わい深いことが本当によくわかりました。

人生におけるお金は、人生の養分

「金銭は肥料のようなものであって、ばらまかなければ役に立たない」
（フランシス・ベーコン『ベーコン随想録』）

◆「幸せなお金とのつき合い方」は、年齢とともに変わる

「悔いなし。貯金（遺産）なし」

これが、20歳くらいのときからの僕の変わらない信条です。

死ぬときに「やりたいことは、まあ、だいたいやれたかな」と思えるのが理想。これが「悔いなし」。

「貯金（遺産）なし」は、やりたいことをやるためにはお金がかかります。「子ども

や孫に遺産を遺そう」などとは考えずに、やりたいことのために今あるお金を使ってしまおう、という意味です。

たとえば僕の場合、やりたいことといえば、一番は、旅もしくは放浪です。特に、南アメリカ大陸。これまでウルバンバの谷（聖なる谷）などインカ帝国の旧領内を少し歩いただけですから。

そのほかでは本を読む、人に会うといったイメージですが、旅に出るのにもお金がかかりますし、本を買うにもお金はかかり、人とおいしいものを食べたり飲んだりするのにもお金がかかる。

そうやって使っていったら、遺産は遺せません。

それに、子どもや孫は、自分とは別の人格です。彼らは彼らで自分の力で生きていけばそれでいいのです。逆に「親のお金があるから」などと子どもに思わせてしまったら、その子どもの人生はロクなことにはならないと思います。

だから、自分が生きているあいだに、悔いなく生きるために、お金は目一杯使う。

それが一番いい人生。それが僕のお金に対する考え方です。

一方で、僕とは正反対に、お金を貯めるのが好きな人もいます。

その人が心の底から「貯めるのが大好きだ」と思うのだったら、それはそれでいいと思います。人にはそれぞれの価値観がありますから。

ただ、もし、「将来がなんとなく不安で……」といった気持ちから、やりたいことがあり、それにお金を使いたいのを我慢して貯めているのだったら、お金とのつき合い方を今一度、見直してみたほうがいいかもしれません。ご自身にとって、本当に幸せなお金とのつき合い方とは、どのような形なのか。

将来が不安だからと必死になって貯めて、仮に3000万円ぐらいの貯金ができたとしても、それで80歳くらいまではなんとかなりますが、100歳まで生きたらそれでは足りません。

結局、老後のためのお金は、いくら貯めても安心はなかなか得られないのです。そのためにやりたいことも我慢して……では、せっかくの人生がもったいなさすぎると思いませんか。

◆お金は使わなければ、ただの紙切れ

貯蓄について述べれば、現在の日本には、「貯蓄好き」の人が少なくありませんが、

昔からそうだったわけではありません。江戸時代の豪商などは、よく豪遊をしていました。

あるいは、「江戸っ子は宵越しの銭は持たない」ということわざがあるように、金離れのよさがカッコよさの1つの基準とされていました。

今の「貯蓄好き」がはじまったのは、「1940年体制」（野口悠起雄《のぐちゆきお》先生の造語）の賜物だと僕は考えています。

日本は第二次世界大戦で国土が焼け野原になり、社会も経済も壊滅状態になりました。その復興のためには、まずお金が必要です。

そのとき政府が考えたのが、「郵便貯金」や「銀行預金」「生命保険」などという形で、ひたすら市民のタンス預金からお金を吸い上げるという方法。そうして集めたお金を国家が一元管理して、電力や鉄鋼などに投資し、国を復興していこうというグランドデザインを考えたのです。

そのために、この時代は、貯蓄がとても優遇されました。たとえば、郵便貯金には、「300万円までは利子が非課税」という「マル優」制度がありました。覚えている人もいるかと思います。

こうした税制優遇措置によって、日本人は自分たちのお金を喜んで金融機関に預けていった。

その結果、世の中のお金の流れは、見事、政府の思惑通りに進んだのです。

こうした時代背景がわかると、貯蓄に対する見方もかなり変わってくるのではないでしょうか。

今や1940年体制はすでに過去のもの。貯蓄にもかつてのような優遇措置はなくなりました。時代は変わったのです。

お金は使ってこそ、価値があるのです。

使わずに貯めているだけなら、お金は単なる紙切れにすぎません。

さらに、お金には、「使ってはじめて増えていく」という側面もあります。

たとえば、営業職の人を見ると、たくさん稼いでいる人は、たいていたくさん先行投資をしています。

100万円を稼ごうと思ったら、先に100万円を使う。もちろん、これは投資なので、投資した分が必ず返ってくるわけではありません。一方で、投資をしなければ、そもそも何も返ってきません。

つまり、使わなければ、お金は増えないのです。

この法則は、人間の心理から考えると、ごく当たり前であることが納得できます。

たとえば、相手に何かしてもらったら、こちらも何かお礼をしようと思うでしょう。

その人がパーティをすることがあれば、「シャンパンを持って行こう」などと考えます。

逆に、何もしてもらっていなければ、そのパーティの会費だけを払って終わりとなりがちです。

これが人間の自然な感情です。営業のプロはそのことがわかっているのです。

そしてもう1つ、この法則を裏づける人間心理があります。

それは、「使ったら、元を取ろう」という心理。

たとえば、アメリカの大学生は日本の学生よりもはるかに必死に勉強するといわれています。

理由は明白です。アメリカの大学は学費が高いため、学生はそれに見合うものを得ようとして、必死に勉強するからです。

これも1つの先行投資の方法です。

知識の習得において、「経験」を非常に重視したフランシス・ベーコン（1561〜1626。「イギリス経験論の祖」といわれています）がとてもいいことを語っています。「お金は肥料のようなもの」と。そして、「ばらまかなければ役に立たない」。

もしあなたがお金を使うことに罪悪感を抱くのであれば、ベーコンに習って「肥料」と思ったらいいのではないでしょうか。そのお金が養分となって、あなたにとって大切な何かがスクスクと育っていく。

そう考えると、お金を使うのがきっと楽しくなるはずです。

60歳からは自然と頭を使う。自然と体を使う

「鉄が使用せずして錆び、水がくさり、また寒中に凍るように、才能も用いずしては損なわれる」

（レオナルド・ダ・ヴィンチ『レオナルド・ダ・ヴィンチの手記』）

◆使いさえすれば、鉄も体も頭も錆びない

「出口さんの健康法は、なんですか？」とよく聞かれることがあります。

還暦を過ぎてベンチャーをはじめ、古希を過ぎて学長にチャレンジしたからでしょう。僕の場合、とくに何かをやっているわけではありません。ただ、心がけていることはいくつかあります。

1つは、前にも述べましたが「自己管理」をきちんとしていくこと。

毎朝起きたとき、自分が「I'm ready」の状態でいられるためには、どういう生活をすればいいのかを知り、それを日々、実践する。つまり、自分のことをよく知り、それに合わせて自分をコントロールしていくわけです。

それともう1つが、錆びないように体と頭をよく「使う」こと。

モノは、使わないとどんどん錆びていきます。ボロボロになります。

たとえば、家もそうです。どれほど豪華な家であっても、人が住まなくなり、まったく手入れがされないまま放置されたら、あっという間に朽ちていきます。モノは使ってこそ、いい状態を維持していけるのです。これは、人間の体と頭も同じです。

「使うこと」の大切さについて、レオナルド・ダ・ヴィンチ（1452〜1519）が次の名言を残しています。

「鉄が使用せずして錆び、水がくさり、また寒中に凍るように、才能も用いずしては損なわれる」

つまり、使わなければ、どんな才能も損なわれてしまう、ということ。レオナルド・ダ・ヴィンチといえば、美術のみならず、解剖学や飛行原理の研究、兵器開発、流体力学、築城……など、さまざまな分野で才能を示したルネサンス期の万能の天才です。

その人の言葉だと思うとなおのこと、背筋が伸びる思いがします。

◆「仕事の引き際」を受け入れる法

体や頭を「使う」というと、現代の日本人は、ジムに通ったり、脳トレをしたり、何か特別なことをやらなければと考える人が少なくないようです。ただ、そんな必要はないというのが僕の考えです。普通の生活を送ることこそが、自然に頭と体を使うことになるのです。

たとえば、定年後も、勤務を続ければ毎日それなりの分量の仕事をこなし、人と会話をしなければなりません。要するに自分が望むと望まないとにかかわらず、フル回転で頭と体を使うことになるわけです。

勤めていない場合でも、家事をしたり、人と会っておしゃべりをしたり、地域の活動をしたり、本を読んだり、旅に出たり……と、日々、積極的に行動していれば、自然と頭を使います。

体についても同じです。

出勤したり、買い物に行ったり、家事をしたり、人と会ったり……という普通の生活をしていれば、それなりに体を使っているものです。

たとえば、僕は東京では毎日、地下鉄で通勤していました。これだけでも結構歩きます。

日本の場合、大企業の役員ともなると、移動はたいてい社用車になりますが、これほどのムダはないと僕は思っています。

まず、人件費のムダ。

社用車は使われないときは、会社の車庫に並べられています。そのあいだ、多くの運転手は将棋をさしたり、囲碁を打ったりして休んでいる。ステイタスシンボルを維持するために、人間を何人も遊ばせているのです。これほどのムダはありません。

もしも社用車を使わず、徒歩や公共交通機関で移動すれば、かなり歩けます。ということは、社用車を使う役員が、わざわざ運動不足解消のためにジムに行く必要もなくなります。社用車というムダが、役員のジム通いというさらなるムダを招いているのです。

また、自分の足腰を使って通勤していれば、自分の体のことをよりよく知ることができます。そして、年をとれば、だんだん通勤もしんどくなるときが来ます。

これが辞めどきです。

自分の体をしっかりと使っていくことで、仕事での自分の引き際もきちんと見極められる。

だからこそ僕は、普通に生活をしながら、自分の体を使っていくということをとても大切にしています。しかも、年齢に合わせた形でです。

ライフネット生命の陸上部に入ろうとして従業員から叱られたエピソードを前に述べました。体を動かすといっても、無茶をすれば、逆に健康を害しかねないのです。

動物である人間にとって、自然な形で頭と体を使っていくのが一番いい。

不自然なことをやるのが、一番いけないと僕は思っています。

わが国は超高齢社会に突入しています。

超高齢社会をマネージするポイントは平均寿命ではなく、健康寿命の延伸にあります。平均寿命マイナス健康寿命が介護ですから健康寿命を延ばすことは介護負担を軽減するという大きなメリットがあります。

では、どうすれば健康寿命を延ばせるのでしょう。

多くの医療関係者は、異口同音に「働くこと」だと答えます。

そうであれば、定年制を廃止して、アングロサクソン社会のように年齢フリーの労働慣行をつくっていくことが、今、わが国に求められている最大の政策課題の1つといってもけっして過言ではありません。

ほろ酔い程度の酒は、人生において大いに興趣がある

「花は半開を看《み》、酒は微酔《びすい》に飲む。この中に大いに佳趣《かしゅ》あり」

（洪自誠《こうじせい》『菜根譚』）

◆マルクスとレーニンばかり読んでいたから、ソ連は崩壊した？

『菜根譚』という、中国・明代（14〜17世紀）に書かれた人生訓の本があります。現実的な処世術や、「なるほど」と思わせる人生の楽しみ方などが述べられており、読むととても面白い。ちなみに、著者は洪自誠という人ですが、彼がどういう人だったのかは、よくわかっていないようです。

さて、この本の中で、自戒を込めて、僕が気に入っている言葉があります。

それは、「花は半開を看、酒は微酔に飲む。この中に大いに佳趣あり」。意味は、花は半分開いたころを鑑賞し、お酒はほろ酔い程度でやめておく。これくらいが、花や酒を楽しむ最上の方法なのだ、ということ。

まさにその通りだとは思いませんか？

花はすべて開いてしまったら、見た目にもやや興ざめです。第一、そうなると、香りも飛んでしまいます。そうではなくて、まだ半開きの、「これから大きく美しく咲き誇るのだ」という状態のときが一番見応えがあります。

お酒も同じです。「ちょっと酔ってきたかな～」と思うくらいがやめどき。それ以上飲んでグデングデンになってしまえば、ロクなことがありません。酔っぱらって周りの人に迷惑をかけたり、翌日、二日酔いで使いものにならなくなってしまったり。もちろん、そんな深酒を常習にしていたら、体も壊します。

逆に、ほろ酔い程度のお酒は、人生において大いに興趣があります。

たとえば、少しお酒が入ると、人はリラックスし、ついつい本音も出やすくなります。多少のお酒をたしなみながらの語らいは、お互いをより深く知るいい機会になります。そこからお互い大いに学び合うこともできます（もちろん、お互いある程度はお酒が飲めるということが前提ですが)。

僕自身、公私両面にわたって、お酒にはずいぶん助けてもらいました。たとえば、日本生命時代、中国に保険会社をつくろうと、ほぼ毎月1回のペースで北京や上海に通っていたときの話です。

当時の交渉相手は、現在の日本の金融庁に相当する中国人民銀行(日本でいえば日本銀行に当たる存在)の保険セクションの職員たち。幹部はほぼ全員がアメリカのMBAホルダーでした。昼間の交渉では通訳を介した四角四面なやり取りに始終しがちでしたが、夜の会合を重ねてくると、お酒も入り、お互い打ち解けたムードになり、会話も英語となってお互いにいい関係を築くことができました。

そして、彼らからいろいろなことを学ばせてもらいました。

1つ、エピソードをご紹介しましょう。

ソ連邦が崩壊(1991)したばかりだったので、夜の席で僕は冗談で、「次は中国の番かもしれませんよ」と話したところ、その人が笑いながら、逆にこう質問してきました。

「出口さん、どうしてソ連が崩壊したか知っていますか?」

僕が「共産主義の限界では」と答えると、「違います。彼らには、マルクス、レーニンくらいしか読む本がなかったからです」。つまり、参考にする文献がなかったから、100年も持たなかった、というのです。

彼の言葉は続きます。

「一方、中国は、それ以外にも、中国4000年の歴史の中でさまざまな文献があり、私たちはそれを読み、学んでいます。だから、ソ連と同じ道を歩むことはないのです」

これには「なるほど」と思いました。

中国には、学ぼうと思えば、そのための歴史書や文献がたくさんあり、しかも彼らはそれを読み、学んでいる。だから、そう簡単には潰れない。その後も彼らと親しくつき合いましたが、教養の深い非常に優秀な人たちでした。彼らとの親交を通じて、「この国は単なる社会主義国家ではない」と強く思ったものです。

このように相手を知ることができたのは、ほろ酔い気分でリラックスして会話ができたことも大きかったと思います。

◆酒の飲み方にも、グローバルスタンダードが必要

「そうはいっても、なかなか『ほろ酔い』でやめることができない」という人がいます。

でも、あえて僕が言いたいのは、そこでストップできてこそ「自立した大人」ではないか、ということです。

僕は80カ国以上を旅しましたが、世界中で、日本ほど飲酒に寛容な社会はないのではないでしょうか。イスラム圏のように飲酒が禁止されている国もありますし、欧米でもお酒を飲まない人はたくさんいます。「多少はお酒が飲めるぐらいでないと仕事はできないぞ」などという上司がいる先進国はわが国ぐらいのものです。

とにかく、わが国は飲酒に極めて甘い国であるという事実は、しっかりと認識する必要があります。

たとえば、グデングデンに酔っぱらって酒の席でハメをはずしても、仕事がある程度できれば、たいがいが無罪放免です。終電近くになると、酔っ払いが駅員やほかの乗客に絡む姿を目にすることがあります。また、道端で平気で嘔吐する人もいます。

海外では、こうした光景は滅多に目にしません。

日本以外の国は、ある程度の教育レベルを持つ人であれば、自らをコントロールしながらお酒を飲んでいます。それができない人は、それなりのレベルの人か、アルコール依存症と見なされてしまうことが多いようです。

日本のように、仕事さえできれば、酒癖の悪さが許される社会は、世界中を見渡してもかなり異例です。先進国では酒癖の悪い人は絶対に出世できません。

自立した大人とは、自分を律することができる人です。

つまり、自分をコントロールできる人。自分を見失うほどお酒を飲むのは、「自立した大人」としてはいかがなものかと思うのです。

お酒は飲みすぎれば毒になり、ほどほどであれば薬にもなるとよくいわれます。

僕自身、お酒は大好きです。お酒は本当にすばらしいと思います。

だからこそ、お酒とは上手につき合っていきたい。

それゆえに、自分をしっかりとコントロールして、微酔くらいでストップする。そうやって、お酒とのいいつき合いをこれからも続けていきたいと思っています。

編集協力　前嶋裕紀子
本文DTP　佐藤正人（オーパスワン・ラボ）
写真提供　アマナイメージズ

本書は、小社より刊行した単行本を文庫化したものです。

出口治明（でぐち・はるあき）

立命館アジア太平洋大学（APU）学長。一九四八年三重県生まれ。京都大学法学部を卒業後、七二年、日本生命保険相互会社入社。企画部や財務企画部にて経営企画を担当する。ロンドン現地法人社長、国際業務部長などを経て同社を退職。二〇〇六年にネットライフ企画株式会社を設立し、代表取締役社長に就任。〇八年、生命保険業免許取得に伴いライフネット生命保険株式会社に社名を変更。一二年上場。社長、会長を一〇年務めた後、一八年より現職。稀代の読書家として知られ、読んだ本は一万冊を超える。本書は、その豊富な読書経験に裏づけされた珠玉の名言集。著書に、『生命保険入門　新版』（岩波書店）、『全世界史（上）（下）』（新潮社）、『哲学と宗教全史』（ダイヤモンド社）、『一気読み世界史』（日経BP）など多数がある。

知的生きかた文庫

人生《じんせい》の教養《きょうよう》が身《み》につく名言集《めいげんしゅう》

著　者　出口治明《でぐちはるあき》

発行者　押鐘太陽

発行所　株式会社三笠書房

〒一〇二-〇〇七二 東京都千代田区飯田橋三-三-一

電話〇三-五二二六-五七三四〈営業部〉

〇三-五二二六-五七三一〈編集部〉

https://www.mikasashobo.co.jp

印刷　誠宏印刷

製本　若林製本工場

ISBN978-4-8379-8829-8 C0130

C50399